U0136031

書法藝術叢書 9

石濤、八大、髡殘、漸江

畫壇四高僧

丁家桐　著

蘭臺出版社

目　次

漸　江：一溪寒月照孤舟

　　江韜（1610—1664），亦名舫，江南歙縣人。明末生員，明亡後為僧，以畫名世。僧名弘仁，字漸江。筆墨瘦勁簡潔，風格冷峭。世傳為「新安畫派」領袖。

第一章　上善若水，以水為號

此翁不戀浮名久，日坐茅亭看遠山。

──漸江《偈外詩》

　　了解漸江，需要從漸江所生活的地域入手，我們的民族歷來有「地靈人傑」之說。漸江出生在長江下遊的皖南山區，屬風景佳處。華夏名山，據《管子》記述，有 5270 處之多。這五千多座名山中，風景之佳，後人認為，以位居東南西北中五處的五嶽為最，俗云：「五嶽歸來不看山」。但是，五嶽與後來發現的山嶽比較，險怪幽深，奇巧變幻又不如後來發現的黃山，於是又有「黃山歸來不看嶽」之說。黃山所在的徽州之境，應當說是風景絕佳的人間最美麗的所在。徽州地處皖南，遍布崇山峻嶺，重巒疊嶂，煙雲繚繞，林木蔥蘢，水流清澈。在外人的想象中，徽州生民日夕處於山明水秀環境中，應當無比幸福。只是，事物總有它的兩面性，大自然對於人類的賜予，舒適與艱難往往相伴，如影隨形。山多水多，同時可耕地就相對地稀少，「七山半水半分田，兩分道路與莊園」。可耕地只能占總面積的二十分之一左右。千辛萬苦，在山地鑿出層層梯田，但若干層梯田面積累計，也不過一畝兩畝。再說山高坡陡，難以蓄水，旱澇連綿，辛苦終年的山民們只好望天興嘆。優美而艱難的環境，迫使皖南的生民多渠道尋求生路，讀書與經商成為徽州人力求改變自身命運的兩條渠道。總體說來，讀書作官成功機率甚微，而經商一途，則讓皖南山民們打開了通向外部世界的大門。明清時代，普遍的社會風情是「恥於言商」，而艱難的生存條件逼迫山民們人棄我取，篳路藍縷，

艱苦創業，開風氣之先，終於造就了「徽商」大軍，縱橫東南。我們還應當注意到，秀麗的山水同時也給當地生民又一種賜予，便是讓他們在飽覽河山壯麗的過程中逐漸形成一副善於欣賞美的眼睛，使得其中若干天才人物日後進入藝術殿堂，成為傑出的詩人與畫家。

江韜，也就是漸江，便是生活在這樣環境裡的一位傑出人物。方便讀者了解傳主的生平與藝術，需要勾畫輪廓，有一個大體的印象。

漸江的輪廓印象，可列下述四點：

一、漸江是一位終身抗清的志士

黃賓虹在一篇評論中如此說：

> 漸江含儒道根，滌蕩塵涅，慨夫婚宦不可以潔身，故寓形於浮屠；浮屠無足與偶處，故縱遊於名山；名士每閒於耗日，故托歡於翰墨。是以容與墳邱，沉酣林壑，終有堅貞之操，而無悔吝之心。[1]

這樣的讚語在整個清代是不可能寫在紙上的。反對清廷，拒絕與清廷合作的行為受到讚美，是有風險的。賓虹先生讚美漸師行為高潔，拒絕為清廷服務，終身無悔，時間是在民國初年，指出了漸江獲得後人崇拜的根本原因所在。

---

[1]　予向《梅花老衲傳》，予向即黃賓虹。此文初刊於 1909 年《國粹學報》第八號。

二、漸江的畫風是淡遠蕭疏，有倪雲林筆意。

周亮工評漸江畫，如此說：

> 釋漸江，歙人，本江姓，為明諸生。甲申後，棄去為僧。
> 喜仿雲林，遂臻極境。[2]

周亮工是漸江同時代人，年齡相仿。周是一位著述豐富的學者，也是一個仕途未必順暢的官員，他認為漸江應歸雲林一脈。也就是說，認定漸江畫的主要特色是孤寂冷落，平淡天真。

三、漸江屬新安畫派領袖人物

張庚這樣評價漸江：

> 弘仁，字漸江……山水師倪雲林，新安畫家多宗清閟者，
> 蓋漸師導先路也。余嘗見漸師手跡，層巒陡壑，偉峻沉厚，
> 非若世之疏竹枯株自謂高士者比也。[3]

張庚生活的年代略後於漸江，他是畫家，也是畫史研究者，他的《國朝畫徵錄》是一部著名的畫史著述，實錄清代初年 460 餘位畫家的經歷、特長、畫風及所屬流派。他所說的「清閟法」，即倪雲林繪畫中所追求的淡雅幽深意境，而通常所說的「新安畫派」，則指漸江、查士標、孫逸、汪之瑞等人，也稱「海陽四家」。他們均為布衣之士，畫風相近，以野逸清秀見長。

四、漸江的繪畫成就得益於黃山之旅。

吳之騄這樣評析漸江繪畫成就原因：

---

[2]　周亮工《讀畫錄》卷二。
[3]　張庚《國朝畫徵錄》。

> 漸公歲一遊黃山，舉三十六峰之一松一石，
>
> 無不貯其胸腹中，而其畫遂與倪迂繼響。[4]

　　徽州吳府世代書香，藏古今名畫多種，漸江常於吳府觀畫。吳府後人吳之騄的追憶說明漸江的繪畫成就源於生活，畫境的形成源於日常觀察、思索和積累。

　　借助於四位古人，有了這樣四點基本認識，便可構成我們對於漸江的輪廓印象：一個抗清失敗的書生，終身不娶，遁入空門，把一腔悲憤融入藝術。一生與黃山為伍，使胸中的不平之氣和他對於社會與人生的理解，溶解於書畫之中。他用天才之筆，形成他獨領風騷的筆墨瘦勁簡潔、風格國的自家面貌。

　　了解漸江，我們還需要熟悉他的種種名號。在正常的和平年代，古人通常一名一號，無須隱諱，「坐不改名，行不改姓」。亂世就不同，到了亂世，或隱姓埋名，或取種種化名，混淆視聽，「苟全性命於亂世，不求聞達於諸侯」。亂世化名最為複雜的要數畫人，每作一畫，按例均要署名，化名種種，掩人耳目，屬於常事。漸江就是這樣，他在本名之外，尚有字號，尚有僧名僧號，尚有隨機應對的種種畫名。

漸江種種名號，可考者如下：

　　江　韜　　漸江本名。見同時人王泰徵《漸江和尚傳》。

　　江　舫　　漸江本名。見康熙年間《徽州府誌》。

　　江一鴻　　漸江本名。見《新安東關濟陽江氏宗譜》。

　　江六奇　　漸江號。此號與「韜」相應。

4　吳之騄《桂留堂文集》卷七。

江鷗盟	漸江號。此號與「舫」相應。
弘　仁	漸江僧名。見王泰徵《方外友弘仁論》。
宏　仁	弘仁又一種寫法，見《江氏宗譜》。為避乾隆

弘歷名諱，改弘為宏。

無　智	漸江僧名之別稱。見殷曙《漸江師傳》。
無　執	漸江別名。畫幅曾鈐「無執弘仁」。
漸　江	新安江一名漸江，傳主於畫幅多署此名。
漸江僧	漸江又一種署名法。
漸江學人	漸江又一種署名法。
漸江學者	漸江又一種署名法。
嫩　曜	漸江別號，見畫跡。
梅花老衲	據清人著述，係「漸公自號」。
梅花古衲	據黃賓虹《梅花古衲傳》。
蕉鹿山長	漸江別號。據畫跡。

　　署名變化無端，為後人鑒賞畫跡帶來一定困難，但是卻具有歷史的真實感。署名多變化，並非畫人沉湎於神秘與浪漫，很重要的原因，是艱險的環境使然。由本名而僧名，由僧名而僧號，由僧名、僧號化為以地域為符號，人水合一，佛家的色空觀念在畫跡中得到充分表達。

　　漸江出生之年，據當時人為和尚所作傳文所錄推算，在明萬曆三十八年（1610）。歿年各方說法大體一致，為康熙二年（1663）十二月二十二日。康熙二年癸卯，歿日按公曆計算，應為新年的1 月 19 日。這樣，和尚在世的年齡有兩種計算法，按農曆，為54 歲；如按公曆，跨了年度，則是 55 歲了。

第二章　王朝末日秀才

為前明諸生。少孤貧，性狷癖，以鉛槧養母。
——黃賓虹《梅花老衲傳》

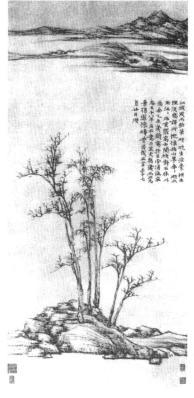

元　倪云林　　　　　　漸江《仿倪云林山水圖》

瘦削冰雪影

世傳漸江和有關漸江的畫跡，還沒有一幅被普遍認可的漸江肖像畫。但是，並不等於說，漸江在世時沒有人為漸江作過肖像畫。漸江的朋友湯燕生，號岩夫，太平人，富於詩才，善治印，他曾在漸江的一幅肖像畫上題詩。目前畫已難覓，但題詩賴抄本傳世：

> 誰從泉石中，貌出冰雪影。茗柯多瘦削，梅性還孤永。
> 萬族因人熱，一身漱雪冷。自挈書畫囊，獨踐莓苔嶺。
> 日踞萬峰首，夜探絕壑境。靈異醒耳目，梧竹碧衣領。
> 雁門僧自閒，虎頭筆能整。一望俗慮消，再展竟情屏。
> 龍湫老貫休，名山畫宗炳。應愧我形惡，相對發深省。[5]

肖像畫中漸江的形象是晚年形象，可以推想，冷峻與瘦削是漸江容貌與形體的主要特點。清冷、高潔、脫俗的氣質是後天形成的，他是明末清初的貫休與宗炳，但是人如寒梅一樣瘦削則是艱難環境摧殘的結果。漸江一生，不管是在俗還是遁入空門，絕大部分時間是在貧困狀態下度過的，說不上衣暖食飽。營養不良，加上性情狷介，體質甚差，所以在他 50 餘歲時，便過早地告別人生。

故鄉山色練溪西

漸江故里在歙縣。具體村落，說法種種。

一說在寒江村。黃賓虹為漸江所作傳記說：「漸江，俗姓江，名韜，字六奇，歙之寒江村人。」黃先生祖籍歙縣，他的記述應

5　見《十百齋書目畫錄・湯燕生詩翰》，詩題為《題漸江師小像》。

當是可信的。其他傳說亦有同樣說法。

一說是江家塢。民國年間所修《歙縣誌》中如此說：「江韜，字六奇，既祝髮，名弘仁，字無智，號漸江，邑城江家塢人。」當地誌者，均為地方文化名人，熟悉地方文化，特別是地方地理狀況，他們的記述不致有常識性的訛誤。

一說是桃源人。〈漸江師傳〉作者殷曙年齡略幼於漸江，歙人，漸江詩文之友。他說：「漸江師者，歙之桃源人也」。幾種說法中，殷曙屬於漸江同鄉密友，可信度應當是最高的。

三種說法均可認定，但地名只能是一處。筆者旅行時曾請教地方名士，他們的說法是，漸江故里在城東之桃源塢。在不同的歷史年代，有寒江村、江家塢、桃源等不同說法。歙縣為練江環抱，桃源塢在練江西岸。漸江抗清居福建山中時，曾有一首七言詩憶家鄉情景：

> 一瓢偶爾寄招提，樹影毵毵綠正齊。
> 轉憶故鄉山色好，相關更在練溪西。[6]

此外，漸江曾經寫有一首題畫詩，也無妨看成是對於家鄉的懷念。這首題詩是這樣的：

> 漁舟泊處遍桃花，岸上茅草是酒家。
> 欲挽秦人來此住，請看雞犬與桑麻。[7]

宗譜中的漸江

漸江身世，清人表述種種，語焉不詳。上世紀八十年代，歙

---

[6] 見汪世清、汪聰《漸江資料集》。
[7] 此詩為鄭旻手抄，收集於《漸江資料集》

縣地方發現《新安東關濟陽江氏宗譜》，即漸江之家譜。此譜係乾隆五十五年（1790）刊本，宣紙印刷，圖文並茂，工藝精良。宗譜前有羅庭梅序，羅系翰林院庶吉士；有江國忠〈重修宗譜自序〉，江國忠系三十世孫，宗譜總修；有江理〈重修宗祠序〉，江理系當時族長；有江上錦〈宗譜後序〉，江上錦系三十二世孫。應當說，這是一本研究漸江家史的信史。

漸江屬江氏二十九世孫。從漸江上溯 7 代，即江延芳。

江延芳為江氏二十三代，傳四子：志常、志和、志森、志華。

二十四代江志華傳二子：玘、銹。

二十五代江銹傳三子：墇、坡、垌。

二十六代江垌，即漸江之曾祖又傳四子：文才、文星、文成、文正。

二十七代江文才，即漸江之祖父，傳子自南。

二十八代江自南，即漸江之父，傳子江一鴻，即漸江。

二十九代江一鴻，即漸江，無傳。

據民國《歙縣誌》，徽州地方晉代以前人煙稀少。西晉、唐末與北宋末期三個時代，北方大亂，中原若干士族往往舉家避禍於此。程、汪、江、陳、朱都是大姓，「愛其山水清澈，遂久居之，以長子孫焉。」自西漢至元，有案可稽從外地遷入徽州的大姓，據地方誌，有 63 姓。舉族遷居，防止外族欺凌，爭取安全的生存環境。家族的凝聚力極強，往往是千丁一族，未嘗散居；千家之冢，不動一抔；千載譜系，一代不亂。江氏是諸姓中的大姓，支脈繁多，歷代人才輩出。徽州江氏，支脈繁多，有芳坑江氏、桃源江氏、江村江氏、溪南江氏種種，徽州地方列江氏徽商有姓名可考者有江希賢、江承封、江才、江美裕、江明生、江次

公、江羲齡、江遂志、江起輝、江有科、江春等人。這些人大都
具有「徽駱駝」精神，少年立志，艱苦奮鬥，白手起家，四方開
拓，不少人成為大賈。清中期的江春以布衣上交天子，在乾隆時
代朝野知名。在江姓大族中，以漸江為僧號的江韜則是另類，特
殊的時代環境，迫使他走上了淒苦的畫僧之路。

與君王同生苦命年

　　按清人為漸江所作傳記推算，他出生於明神宗萬曆三十八年
（1610），歲屬庚戌，月日不詳。同年出生的還有一位重要歷史
人物，即明宗室的朱由檢，後來的崇禎皇帝。漸江與崇禎地位懸
殊，但命運相似，生不逢時。這一年出生的漢人明亡之年正當壯
年，貴賤智愚有許多差別，但一個個先後都成了亡國奴，掙脫不
了悲劇時代的牢籠和悲劇人生的淒慘命運。戌年屬犬，這一代人
日後一個個如不願依附新朝，都成了一群喪家之犬。

　　漸江出生之年的當政帝王為萬曆，實際是在位四十八年，中
華史冊中以懶惰聞名的「萬事不理」皇帝。萬曆接帝位的初期還
比較振作，勤奮好學，任用賢明，國庫充盈，九邊晏然。但是，
皇帝的位置坐久了，加以體質虛弱，竟然在最後的 30 年中不批
奏章，不見群臣，躲在宮裡享受帝王特權，在酒、色、財、氣四
好中打發人生。做皇帝的牢牢控制著手中的權力，卻不盡一位國
家元首應盡的義務，使得洪武、永樂年代天下一統、聲威遠播的
大明帝國，200 餘年後日漸衰朽，百弊叢生。漸江出生前後，由
於萬曆荒政，給龐大帝國帶來諸多禍患。一是中樞混亂，黨爭加
劇，國家各級政權的統治能力大大下降；二是遼事失控，邊患日
益嚴重；三是朝廷的腐敗與戰爭的頻仍，賦稅層層疊加，老百姓

苦不堪言。國事日非，大臣們無事可做，戶部尚書趙世清、翰林院執事王圖、吏部尚書孫丕揚、兵部尚書孫瑋不願坐食俸祿，掛冠而去；至於府縣官員，因老病常十缺五六，也多年不補。至於百姓生活方面，當時田賦已由徵糧改為徵銀，初徵時每畝二厘，至萬曆末年，因邊事加賦，加徵到每畝九厘，荒年不斷，戰爭綿延，因不堪重負，失地流浪，賣妻鬻子者，不絕於途。「君子之澤，五世而斬」。由朱元璋肇始的朱明政權，傳到萬曆，已到了第十四代。第十四代的朱翊鈞認為皇權天授，任憑政局由治變亂，晏然深宮，把曾經「治隆唐宋」的輝煌帝國推向萬劫不復的深淵的邊緣，走進面臨天崩地裂的時代。晚明之走向滅亡，論者皆以為肇始於萬曆，感染上了致命的病菌，以致逐漸病入膏肓，任何後來者如何病急亂投醫，也回天無力。

漸江出生在這樣的歲月，歲月為他的個人命運奠定了悲劇基調。

江孝子，江才子

漸江故里在歙縣城東，但是，他的少年時代相當一段時間是在杭州度過的。關鍵是他的祖父江文才和他的父親在杭州經商，《江氏宗譜》這樣記載江文才的經歷：

> 垌長子，配某氏生子自南，同子孫遷杭州。

譜中所述之「孫」，便是當時的江韜，後來的漸江了。明清之際，徽人外出、經商，北京、南京、揚州、蘇州、杭州、漢口、廣州、臨清是 8 處主要落腳點，這些地方都是通商大邑，是當年徽商發揮作用的重要平臺。徽州至杭州可由新安江水路直達，往來方便。漸江在《畫偈》中曾經有這樣一首題畫詩：

敗毫未冢果如丁，高下松杉十里青。

西子湖邊曾戀戀，坐來可是冷泉亭？[8]

從這樣一首題畫詩中，我們可以推想漸江對於少年時代的杭州生活印象深刻。徽商四方奔走，往往由女人守老宅，男子外出打拼。江府父祖兩代至杭州開拓，攜帶年幼的江韜，希望下一代讀書作官或者商儒兼備，未來在事業上能有所成就。在《江氏宗譜》的〈方外友宏仁論〉中，明確地說，漸江「杭郡諸生，又名舫，字鷗盟」。乾隆時代宗譜所記，一，少年時代，江韜已入杭州籍；二，江韜少年時代，在杭州讀書，已被錄取為生員，即俗說的秀才。

以江韜的資質，如果在承平年代，由科舉入仕，或者由儒入商，振興家業，均不是沒有可能。問題是崇禎年間，內憂外患連年。崇禎八年（1635）左右，農民起義軍已進入湖北、江西一帶，與徽州隔江的鳳陽、滁州等地，也一度為農民軍所占有。不幸的是，漸江 20 歲左右，似乎已無父、祖訊息，當時人傳記中說他「少孤貧」[9]很可能，江文才與江自南已經過早地成為古人了。撰寫人王泰徵長漸江 11 歲，他對漸江家世記述的準確性，應當是可信的。

大約 20 歲左右吧，江韜返回故里，贍養寡母。供養母親的手段，諸種傳記有幾種說法。一種說法是「以鉛槧膳母」。鉛槧是文字勞作的代詞，鉛是古代的鉛粉筆，槧是木板。一個具有秀

8　《畫偈》，許楚所輯，傳世有江蓉手抄本。汪世清、汪聰《漸江資料集》收錄。

9　見王泰徵《漸江和尚傳》。王泰徵（1600—1675），歙人。崇禎十年（1637）進士，曾任吳川、新會、建陽令，入清後隱居巖鎮一帶。

才身份的書生，用種種文字勞作作為養家糊口的手段，是順理成章的。一種說法是「賣薪養母」。皖南山地多木材，攀援巖壁至山中砍柴，然後運至村舍叫賣，這也是謀生一途。書生貧困，收入不豐，樵伐轉賣，補助家用，在亂世也合乎情理。還有一種說法是「負米行三十里，不逮期，欲赴練江死」。[10] 這一則記述很含糊。可能為他人作馬牛，也可能是為救母之急，力不勝任，耽誤了一個很關鍵的約定時間，以至要投水自殺。諸種記述，都突出地強調漸江早年以孝聞名，是鄉里出名的江孝子。

王泰徵的傳記裡還說，漸江的母親去世時，喪葬化去了很多銀子。一直到 35 歲清兵南下時，江韜依然「不婚不宦」。這樣記述，說明江韜青年時代是有可能謀取一份公職，也有可能娶妻生子，組建一個完整家庭的，但是，這兩方面都沒有去努力。可能是環境的原因，也可能是個性的原因，大廈將傾，何以家為吧。只是，江韜是一個恪守誠信的人，葬母所費虧欠的錢財，他始終耿耿於懷，用艱辛的勞動逐一償還，不肯負人。說是「不以我凱風寒泉累人也」。誠實與耿介是他的性格特徵，早年如此，晚年也如此。

早年的書畫

漸江早年具有生員的學銜，應當說，他早年應當有詩作。崇禎年間，徐楚、程守等人在家鄉建白榆社，相互唱和，江韜屬社友之一，可惜當時詩作未傳。署名江韜的畫幅中，有社兄、社弟

10　見王泰徵《漸江和尚傳》。王泰徵（1600—1675），歙人。崇禎十年（1637）進士，曾任吳川、新會、建陽令，入清後隱居巖鎮一帶。

之稱，應屬於詩友之間往來的物證。入清後，許楚等人重建詩社，與會者尚達 27 人，可見當時入社人數甚為廣泛。漸江遺存詩作未註明年代，其中有兩首七言詩疑似早年作品，其中一首是：

> 胸中萬卷亦何奇，寓世翻成不合時。
> 未茗加餐高臥穩，青山日日對茅茨。

這一首詩似與江韜早年生活情境與孤寂心態吻合，當然，尚有待確證。了解漸江的友人說，他的詩「在惠泉、清順之間」[11]。惠泉與清順俱為北宋時代杭州僧人，清順字怡然，居於湖山勝處，清約介靜，不妄與人交，無大故不至城，飲食極簡單，善詩，文人常前往拜謁[12]。把漸江與清順聯繫起來，說明江韜在杭州讀書時已受到前代詩僧的影響，早年詩風業已崇尚清淡簡約。

漸江早年存世畫作，今日可見的第一幅作品為扇面山水畫[13]。畫面遠山近樹，山房幾處，上題「甲戌秋為靈運詞壇」，署名「江韜」。此畫尚未形成自家藝術個性，筆墨一般，但基本功紮實，畫風硬朗。甲戌年江韜 25 歲，可以推知他習畫年齡甚早，這幅畫是他「其於畫則兒時好之，凡晉、唐宋、元真跡所歸，師必謀一見也」的生動註腳。

漸江又一幅早年傳世畫作是與里中四位畫友合作的〈岡陵圖〉[14]。畫題註明作於「己卯三月」，即崇禎十二年（1639）春日，此年江韜 30 歲。長卷由李永昌、孫無逸、汪度、劉上延、江韜 5 人合作，每人各畫一段山水，並作題，5 幅畫由道路、水灘聯接，

---

[11]　同註 9。
[12]　《鹹淳臨安誌》卷七十。
[13]　據陳傳席《弘仁》。此畫現藏上海私家汪氏，《朵雲》十五期曾載。
[14]　此畫現藏上海博物館。

渾然一體。江韜畫作在尾段，題為「己卯春日，為生白社兄壽，弟江韜」，鈐「六奇」印。這幅畫證明漸江早年是徽州詞壇畫壇中人，也早已由杭返歙，定居桃源。並不滯居杭州，繼承父祖衣缽。這幅畫也使後人明白：漸江早年即已追隨元人筆意，黃公望、倪雲林對他的影響很大。畫幅中涉及的李永昌、孫無逸、漸江，日後龔賢認為均屬天都派，即指為黃山一帶畫家，畫風相近。〈岡陵圖〉中將韜畫高岡一區，蒼松雙株，山橋平坡，淺水沙諸，用筆偏於工細，畫風與其餘四家大體一致。這樣的作品無妨被看成是早年習作。

第三章　書生擲筆執戈矛

乙酉年，自負累累卷軸，偕其師入閩。

——康熙《歙縣誌·弘仁傳》

漸江《山水圖》　　　　漸江《雨余柳色圖》

哭別相公潭

　　歷史進入 1645 年，這一年徽州府城人心大亂。這一年的中國大地上存在著三種政權：北京稱清，這一年是順治二年；南京稱明，這一年是弘光元年；西部地區稱大順，這一年是永昌元年。這一年歲屬乙酉，屬於雞年，在徽州人看來，這是兇年。歲逢雞年，「揚州十日」前車之鑒，徽州城說不定也會雞飛蛋打，雞犬不留。但是，也有一部分血性男兒認為，到了雞年，北京陷落，南京陷落，徽州人還是應當聞雞起舞，奮起抗清。關外韃子的軍隊人數有限，而我江南各地義軍累計不下百萬之眾，韃子兵縱然兇勇，但進入皖贛山區，山高林密，道路崎嶇，有馬不能騎，有炮無目標，未來究竟鹿死誰手，話還難說。江南處處烽煙，到處是抗清義旗，徽州人文淵藪，豈可望風而降，甘為臣虜。危難時節，在府城高舉義旗的是休寧的金聲，一方號召，八方響應。金聲曾經是明廷的翰林，素負經濟長才，熟悉韜略，曾任都尉史。遺憾的是，有才不能為崇禎所識所用，退居鄉里後，與門生江天一積谷囤糧，訓練鄉兵，保衛地方安寧，在皖南屬人望所歸。1645年的夏天，是徽州人誓死抗清、氣壯山河的夏天，金聲與江天一等人和清軍打了 13 次大仗，旗鼓相當，績溪城堅守了 3 個月，不讓清軍一兵一卒入城[15]。在當日義軍守城的隊伍中，按常規推斷，有江韜的身影。江韜當年的抗清事跡，在清代是不可能被記載和流傳的，事關存亡，日後的漸江也只能守口如瓶。江韜曾經積極抗清守城的明顯不過的證據，便是他於城破前急於遠走福建，追隨隆武。清兵南下，城破之日，對於曾經誓死抵抗者總是

---

[15]　《明史》有金聲、將天一傳記，見卷二百七十七。

要殺戮殆盡。

　　徽州好幾座城市之破，均由於漢奸的出賣。涇縣之破，清軍下令，將守城的 3000 軍民全部處斬。這是清兵南下收拾河山的既定政策；武裝抵抗者處死，而舉城抵抗者將屠城。當日領導徽州府城守城的是推官溫璜。城市之破，是由於中了業已降清的原御史黃澍的圈套。黃澍當年是著名文人，曾任湖廣御史，東林黨的中堅人物，以直言正聲知名，在士林中有很高聲望。想不到的是，到了生死關頭，斯文掃地，正人君子竟然扮演狼外婆的角色，陷徽州於水火，引敵入城，人心叵測，良堪浩嘆。

　　徽州城破，徽州百姓的出路只能是兩種：一種人遠走他鄉，繼續抗清；還有一種人為求生存，只好忍氣吞聲，薙髮易服，權作順民。江韜熱血男兒，無家室之累，屬於前者，至於他的朋友，如程守等人，上有父母，下有妻兒，同時，無參加義軍明顯事蹟，不懼畏宵小檢舉，成為亡國遺民。

　　江韜出走，有兩條路線：一是沿江東下，浙東有魯王抗清政權；一是西去南下，進入福建，那裡有唐王隆武抗清政權。當時東路業已為清人占領，無法通過，出走的路線只能是南下。當時出走的有大批士人，其中有汪無涯、汪蛟、王玄度、汪沐日等人。其中，汪無涯是江韜的經師，師徒二人應當說是學業相通，意氣相投，在抗清方面認識與行為一致。

　　南下進入福建，需由府城西南方向入江，渡口名相公潭，江韜為僧後，曾有書信致當時送別的文友程守，函中有這樣的句子：

哭別相公潭上，公已無歸志。弟以兩尊人大義相責，今已
閒家食矣[16]。

當時送江韜至相公潭的程守 27 歲，年幼 9 歲。他與江韜同
里同社，字非二，號蝕庵。他的經歷與江韜類似，早年入籍錢塘，
也是明末秀才，與江韜終身莫逆。當日在相公潭上哭別的不僅是
江、程二人，而是兩批人，一批人遠走他鄉，與敵周旋；一批人
難離鄉土，淪為難民。彼此之哭，是生離死別之哭，是國破家亡
之哭，是前途未卜之哭。當日江韜，倘與清人無不共戴天之仇，
在守城時無慷慨悲歌之舉，是不至於拋棄祖宗家業，義無返顧地
告別家園的。

隆武朝的抗敵儒生

南都淪陷，弘光朝政權覆滅，江南各地抗清義軍風起雲湧紛
紛擁戴朱明宗室為象徵性領袖，號召天下。其中影響甚大的是建
立於福州的隆武王朝，被擁戴的君主是朱元璋九世孫唐王朱聿
鍵，朝中的實力派任務是駐守福建的南安伯鄭芝龍。當日八閩之
地擁兵 20 萬，影響周邊各省，聲勢浩大，在江南抗清群雄中頗
具聲威。福建政權的建立，得到了大批知識階層的擁戴，當時著
名文人黃道周被任命為武英殿大學士，主持國政，頗符人望。閩
地環山，170 處險要之地均設重兵把守，防衛森嚴。隆武詔告天
下，以十萬防守，十萬出征，志在收復江南。收復江南的策劃中
收復徽州又是重要一環，認為南昌被占是「心腹之患」，徽州被
占是「咽喉之患」，皇帝決心御駕親征，銳意進取，號召四方。

---

[16] 見汪世清等輯《漸江資料集》。

這樣雄心勃勃的抗清政權對於徽州書生自然具有強大的吸引力，由徽州南下經開化、廣信進入福建，是一條直線，這一帶千山萬水，不屬清人南侵主要路線，道路安全。再說，業已死難的金聲與江天一均接受了隆武政權所授官職，徽州士民投奔唐王，順理成章。

隆武朝建立先後一年又三個月。徽州城破之日是在 1645 年的 8 月，隆武朝的滅亡是在 1646 年的 8 月，這一年時間內，江韜在隆武治下究竟做了些什麼？他到了武夷？還是到了福州？隆武帝的出征大軍中，有沒有他的身影？黃道周組織的「扁擔軍」中，會不會分配他什麼任務？歷史的記錄與他本人的回憶一片空白，給後人留下了想象的空間。

他的朋友程弘志這樣記江韜：「於烏聊既定之明年，作幔亭遊，因依皈左航師圓頂焉。」烏聊指徽州，幔亭指福建，當時人記錄歷史大體都取這種說法，說江韜去福建是「遊」。還有一種說法，是「入閩」。「遊」與「入閩」的具體內容是什麼？心照不宣，語焉不詳。

這就是特定時代的忌諱。清人統治中國 200 餘年，實錄某人抗清細節，會給許多人帶來麻煩，甚至血光之災。但是，文人不能已於言，不能明言還可以隱約其辭。這樣，在江韜朋友日後的懷念文字中，我們還是可以尋找到一些蛛絲馬跡。

「忠孝還從大處分，沙門祝髮固云云」。這是鄭旼〈憶漸江師八首〉中的句子，他的學生突出了老師的一個「忠」字。在詩跋中，學生又說：「公大節，世有未知者」。至於「忠」的具體內

容,「大節」的具體內容,是不能明白記述的[17]。

漸江的朋友湯燕生日後這樣描寫他:「世人知師畫與詩,別有孤懷不易擬」。詩與畫以外,別有「孤懷」。「孤懷」是什麼?文字機關。後來者別以為漸江和尚只是一位普通的詩僧,普通的畫僧啊!

還有,他的朋友王泰徵說他:「文章氣節,又君家之古心、古崖間矣」。古心與古崖是南宋末年的兩位和尚,均姓江。宋亡時,或投崖或罵敵而死,為國殉節。朋友們認為,漸江的氣節與古心、古崖類似,江府之忠烈,數百年一脈相承。在朋友與學生的描繪中,漸江的形象不僅是一位詩人的形象,而且是一位忠於明室、保持大節、別具孤懷、抗爭到底的人物形象。這樣,我們今天理解漸江,理解漸江的詩文書畫,才能夠由表象進入深層。

深山巢居,不識鹽味

「入武夷,居天遊最勝處,不識鹽味且一年」。這是江韜在致程守信中的自述。這一年,是江韜遁入空門之前的一年。遁入空門之年是 1647 年,那麼,躲到深山裡面「不識鹽味」的一年,是隆武被殺的一年即 1646—1647 年無疑。隆武在福州,鑒於鄭芝龍的跋扈,且有通敵行跡,便以出師為名,西去投靠何騰蛟。行至延平(今福建南平市,明代為府),隆武立足未穩,遇清軍追殺,倉皇逃至汀州(今福建長汀縣,明代為府),不幸遇害。汀州近武夷山,在清軍壓境之際,皇帝被殺,皇后又跳水殉難,追隨軍民四處逃散,遁入附近之武夷山,勢在必然。

這一年避居深山,防清軍搜索,防虎豹侵襲,防狂風暴雨,

---

17 本則及下列兩則引文,《漸江資料集》中可查閱。

還要防饑防寒，自求飲食，自營居處，苦不堪言。日後漸江有詩，涉及武夷這一年的生活景況。先說「住」：

> 年來書卷不全拋，蔔得山居類鳥巢。
> 詩畫不因原學懶，貽君尺牘歲寒交。

日後回憶，當年不肯薙髮的明代遺民避居山中，如入寺廟，會連累僧人；如入民居，會連累山民，不得已遁入深山，聊避風雨。這種鳥巢式的屋子意義非凡，而是：

> 林樹原有枝，山雲各為族。烽火未即消，自築袁閎屋。

袁閎即袁宏，東晉桓溫記室。袁氏不滿他人著作，自築小屋，立志另述。江韜山中避居，立志以有生之年，矢志不移，不同流俗。這樣，他就把樹棍與茅草結成鳥巢說成是勵志之所了。再說「衣」：

> 年來採紅荷長鑱，閉戶時披壯士衫。
> 四望山光真似沐，茅簷不忍下窗帆。

進進出出，要帶著一把犁頭，既是挖菜刈草工具，也是防身武器。當時顯然尚未剃度，著的是明人衣冠。再說「食」：

> 行藥經旬不火餐，相逢仙子在雲端。
> 無言攔我巖中入，千載歸來作畫觀[18]。

巖中歇宿，經旬無熟食入腹，屬於常事。這一類詩可能作於武夷，也可能日後憶起，題於畫幅。

---

[18]　以上所引4首詩均見漸江《畫偈》。據《漸江資料集》編者言，係據江蓉手抄本。

削髮依諸佛，武夷三年僧

華夏內部的民族紛爭中，北方的少數民族數度入主中原，江山易主，當權者儘管施行過若干民族歧視性質的政策，但在清代以前，對於被征服者的普通民眾髮膚衣冠卻鮮有限制。清代不同，入關以後，清廷下「薙髮令」，對於被征服的各族男子必須遵從滿俗，要剃去「身體髮膚，受之父母」的頭髮，「留頭不留髮，留髮不留頭」。奉命剃髮者為順民，抗命不遵者即為叛逆，一目了然。新政權不容逆民，過了規定的剃髮期限，城鄉發現尚未剃髮男子，必須梟首。奉命與抗命的選擇波及城鄉每個角落，波及每一戶家庭，波及每一個非滿族的男子。征服者刀槍在手，若干人只得忍氣吞聲，剃了頭髮，大暑天也戴上帽子，把光頭皮遮得嚴嚴實實。也有一些血性男子抗命不遵，護著頭皮東躲西藏，最終免不了慘遭屠戮。滿族男子剃髮是剃去頭顱前半截頭髮，後面則留一條長辮，俗稱「慈菇頭」。那麼，在「慈菇頭」與往日結的網髮之間有沒有第三重變通的辦法？一方面能為當局所容，一方面又志不可屈？辦法總是有的，於是若干人遁入空門，把頭髮統統剃光，這樣，在明末清初，特別是在江南地帶，造成了一支人數龐大的和尚大軍，成為中國歷史上空前也可能是絕後的奇異現象。

接近剃度，遁入空門是一種艱難的選擇。需要捨棄家園，需要捨棄男女之歡，需要選擇終身木魚清磬的清寂生活。但是，在抗拒強權，萬般無奈的情境下，這又是一種勇敢的選擇。漸江時代，南京出現了詩僧蒼雪，「六朝蕭蕭黃葉寺，五更風雨白門鐘」。傷心的亡國之音，催人淚下。蘇州出現了道源和尚、退翁和尚，似瘋似傻，暇時談詩，每發狂論。廬山出現了空隱和尚，早年都

是讀書人，皈依佛門，「座下半成忠義鬼，峰頭空有雨花臺」。名聞遠近。江西出現了石鑒和尚、明覺和尚。明覺不僅一人為僧，還攜幼子為僧，不願其後代成為新朝順民。山西出現了尺木和尚，曾以漁夫自況：

> 東南西北任遨遊，萬里長江一葉舟。
> 夢裡不知身是客，醒來天水一般秋。

　　和尚不肯隨俗浮沉。福建出現了明光和尚、如壽和尚，成都出現了笑和尚，皆有異常行止。雲南出現了擔當和尚，工詩善畫，還有輪庵和尚，「夕陽影里話前朝，滿頭霜鬢影蕭蕭」。湖南出現了知休和尚，廣西出現了清凝和尚，南疆出現了祖心和尚、淡歸和尚、鴻暹和尚。或為明末死難忠烈守墓，或自稱「剩人」，或以詩明志，用剃度作為不與當局合作的一種表現形式[19]。

　　江韜於武夷經一年折騰，終於下定決心，皈依佛門，由古航禪師為他落髮。古航，字道舟，原為泉州鄭家子，隨博山於天界寺開堂，主持回龍寺。道航出生於明萬曆十三年（1585），長江韜26歲，當年已是年逾60的老僧。和江韜一道接受剃度的徽州人有汪沐日、汪蛟、吳霖等一批書生出身的抗清志士。江韜從此佛名弘仁，字無智，別號漸江。汪沐日僧名則為弘濟。「去落一冠髮，來攜滿袖雲」。日後，漸江的學生用這兩句詩描繪了老師棄俗從佛的寥落風姿。

　　武夷的8月，秋意漸濃。漸江的目光長久地停留在山間白雲之上，他說：

19　明末諸生狀況，孫靜庵《明遺民錄》中有敘述。

　　幽谷霜風動，高柯葉漸刪。寒雲無世態，相伴意閑閑。

　　河山變色，人事已非。新入佛門的 38 歲的中年和尚終於發現：可以傾訴衷腸的朋友，從此便是飄浮不定、無世俗相的裊裊白雲了。

第四章　托缽禪門，畫驚四座

碎月灘頭寒月明，松風十寺雜鐘聲。

老僧出定無餘事，間放筆端煙雨橫。

——黃宗惺《題漸師山水卷》

漸江《絕澗寒窠圖》　　　漸江《松壑清泉圖》

峭壁見孤松

漸江披僧衣返回故里約在 40 歲以後。此時南昌、長沙一帶抗清力量相繼為清軍所滅，長江中下遊形勢大定，戰爭烽火已南延至南疆地帶。徽州一帶民生逐漸安定，外逃人員紛紛歸里。抗清的希望渺茫，人事難違天意，同樣是木魚清磬，同樣是佛號聲聲，有了安全保障，離鄉不如還鄉。今人可以查考漸江 42 歲時（順治八年，歲屆辛卯）所作的三幅畫，分別畫於辛卯小春、辛卯、辛卯臘月，就受畫人與同畫者情況分析，漸江已確鑿地返回故里，成為一名以繪畫消磨歲月的新安老僧。漸江返鄉，直至逝世的十餘年中，經歷皖蘇多處，現就他在畫中所記與友人傳記所記，就個人管見所及，列表如下，以便今日讀者知其大概：

區　域	地址	書畫齋名	備註
歙　縣	西干五明寺	澄觀軒	
歙　縣	西溪南仁義禪院		
歙　縣	故里	桃源草堂	
歙　縣	桃源里江注宅	若米舫	
歙　縣	西園		
歙　縣	程守宅	揭蝕庵	
歙　縣	丰溪吳宅	介石書屋	
黃　山	雲谷寺		住持為澂公和尚
黃　山	慈光庵		
黃　山	文殊院		住持為真慧和尚
廬　山	金輪庵		中有庵雪和尚
宣　城	碧霞道院		
海　陽	建初寺		今休寧
於　湖			今當塗
沚　阜			今灣沚
區　湖			今蕪湖
金　陵	香水庵、惠應寺		
杭　州	淨寺、西湖寺		

廣　　陵			今揚州
芝　　山	呂旦先宅	且讀齋	

　　漸江返里，從畫跡中可知，主要棲居地是五明寺，也常去附近寺廟掛單。至於俗家，常去之地為族弟江注宅與豐溪鹽商吳不炎宅。吳氏在揚州經商，往來於長江下遊，是漸江作品崇拜者、收藏者與傳播者。漸江常去黃山，也去過廬山，並且數度周遊宣城、蕪湖、南京、揚州、杭州等地。

　　漸江於辛卯小春所作的一幅松樹圖，松為黃山之松。黃山與蘇浙境內諸種山體不同，係花崗岩石，草木無處著根，因此怪石嶙峋，氣象萬千。但是，大自然的生命生生不息，石縫處處，有天風吹落的種子生根發芽，接受宇宙之精華，若干虬曲的松樹破壁而出，傲然挺立，點綴蒼穹。漸江在一幅松樹圖上如此題跋：

> 黃海有松呼如意，靈曜煙霞永護呵。
> 昔上蓮花親觀面，偶然拈供碩人蔍。[20]

　　這顆松樹係蓮花峰上的松樹，詩的大意是說，黃山之松宛如仙人手中的如意，接受了自然的賜予，獲得了上天的保佑。我曾經在蓮花峰上見到過它，它是優秀的人可以寄身的場所。「碩人」之說，出典於《詩經·衛風》，可以這樣理解吧，這是無奈皈依佛門的漸江自我寫照。風霜雨雪，條件這麼艱苦，環境這麼險惡，我終於生存下來了，我終於昂首挺立。我是一個被時代拋棄的人，但是我絕不怯懦，絕不頹唐，我是一株黃山之松。

　　一個業已謝絕塵世的和尚，絕不怯懦，絕不頹唐，如何奮發

---

[20]　此圖見於《漸江、石溪、石濤、八大山人書畫集》，原件為侯姓所藏。

呢？漸江終於找到了一條出路：畫！用繪畫表現世界，反映人生！

遍遊名都，長跪讀畫

　　漸江作畫，從師法古人入手，他最崇拜的人物是 300 年前的倪瓚。倪瓚是畫壇元四家之一，字元鎮，號雲林，江蘇無錫人，生活於元後期，不與元朝官方合作，拍賣家產，浪跡江湖，留有畫作。他的畫以天真幽淡為宗，秋山遠岫，平遠樹石，既無人物點綴，又少著色，筆墨簡淡。他說，他的畫不過是寫胸中「逸氣」而已。別人評價他的畫，輸「千年霜月積靈氣，結入倪郎手與心」。他的畫幅充分表達了清苦、孤寂與冷落的生活環境與心靈世界。漸江在眾多的古人中特別崇拜雲林，他曾家藏雲林作品，他說他每年要對這些作品焚香禮供。

> 疏樹寒山淡遠姿，明知自不合時宜。
> 迂翁筆墨余家寶，歲歲焚香供作師。

　　皈依佛門後，漸江必然要精研佛學，但是他忘不了藝術。引起他創作衝動的是倪雲林繪畫的啟發，他說：

> 南北東西一故吾，山中歸去結跏趺。
> 欠伸忽見枯林勁，又記倪迂舊日圖。

　　漸江崇拜雲林，真可謂如癡如狂。倪雲林的作品分散各地，當年尚無仿真複製的技術條件，仔細觀摩真跡很不容易，見不到真跡豈非人生最大的遺憾？下面這首詩就反映了這種憂慮：

> 倪迂中歲具奇情，散戶之餘畫始成。

我已無家宜困學，悠悠難免負平生。[21]

　　漸江作品風格穩定並有大量佳作傳世的時間，是在 47 歲左右。還鄉以後的幾年，可以說是他藝術創作從不斷學習觀摩中，不斷追求精進的幾年。還歙後他謝絕塵俗穿梭於種種寺院，周遊長江下游一帶城市，從友人處觀摩名畫。他的知己湯燕生這樣記述他學習前人畫作情形：

> 余友漸江出，足以稱慧業文人也。平生韜精湛慮於唐宋諸名家畫，絕人事荒食息而摹得之，間遊金陵、維揚間，聞有蓄名畫家，則多方祈詣，願借以觀。或主人吝示，客則請托介紹，常以雞鳴立於門下，至昏黑不得，請乃跟踰去。主人憫其誠，更發篋咨所觀，遇有當意者，則常跽諦視，聲息俱屏，有客在傍不知，呼之飯食不應也。[22]

　　清代初年，南京與揚州皆為交通樞紐，天下大定後，經濟迅速繁榮，屬於文化人雲集之地。南京的龔賢與漸江志趣相似，友誼頗深，他說當日江南十四郡中，文風以金陵為盛，城中能作書畫者不下千人，著名者數十輩，藏畫甚多。揚州當年是四方商賈聚集之地，商家藏畫甚多。更由於鹽業日漸繁榮，形成藝術市場，遠近畫家多聚集於此。已屆不惑之年的漸江，以虔誠之心，沿門求觀名畫，恭敬之態，湯燕生描寫得惟妙惟肖。見名畫則長跪，一則出於敬畏，再則畫幅巨大，就近跪視便於仔細觀察用筆用墨用水情形，非門外漢所能理解也。

---

[21]　上述三首漸江憶及雲林詩，分別見《弘仁畫偈・七言四十二首》。
[22]　此為漸江〈山水三段圖卷〉卷尾湯燕生作長題的部分內容。

得心應手丙申年

　　歷史進入順治十三年（1656），這一年漸江47歲。此年和尚大部分時間是在家鄉左近度過的。從畫跡看，早春在程守家畫松石，三月先在豐溪畫雨餘柳色的山水畫，到了八月，去黃山歸來，又在豐溪畫〈丹室雲根圖〉。署年丙申，即1656年的作品，論者多以為畫人47歲的丙申之年，是畫風進入穩定時期之年，是畫藝爐火純青之年，是漸江成為藝術大師的起點，是漸江借鑒前人、畫藝精進到形成自家面貌的關鍵之年。

　　丙申有一幅〈松溪石壁圖〉，最受後人注意。這一幅取自黃山山景，山體用大大小小的幾何圖形構成，線條清晰爽利，用筆簡潔。石壁石縫中有少量樹木點綴，遠處瀑布凌空飛流直下，使得光潔巍峨的山體具有生意，草亭茅舍隱約山中，但無人跡。整個畫面給人以剛正雅潔幽微空寂之感。漸江的畫師法元四家，特別是倪雲林，但是從這幅畫開始，從倪畫汲取神髓，表現的卻是親身經歷的自家生活。他畫的是黃山，是花崗岩構成的黃山，並非倪雲林所見江浙群山；倪畫清淡，漸江畫則從清淡中見剛勁；倪畫孤寂，漸江此畫則從孤寂中見生機。

　　對於丙申漸江的藝術作品，他的摯友湯燕生有很精到的評論。湯燕生在漸江本年又一幅山水畫的長跋中說：古代的繪畫，到了元代，可謂進入高峰；元代的畫人很多，元人中的元四家（即黃公望、吳鎮、倪雲林、王蒙）又可謂登峰造極。元人還有一位趙子昂，畫藝應當說是十分傑出，為什麼後人不列入高人逸墨呢，那是因為趙子昂不屬於「隱君子」。只有隱君子的畫才足以達到極峰，因為「隱則逸，逸則靜，靜則專，專則為孤、為潔、為簡、為密，無妙弗臻矣」。湯氏接著這樣論漸江畫藝的形成：

世路大限，捉鼻忍息，又中懷磊塊，不能調伏，與時抑揚，
則跳而之於黃山白岳，彷彿於樵採麋鹿之伍，心所欲言，
詩輒能道，意所欲貌，手輒能傳。[23]

　　老朋友指明了漸江藝術成就的重要緣由：畫藝所以精進，是
源於特殊的經歷與胸中的不平之氣。到了丙申年，漸江的畫藝達
到了「意所欲貌，手輒能傳」的出神入化的境界，達到了一個高
度。

冬夜一株梅

　　武夷僧侶生活三年，返鄉後沉浸於詩畫之中，轉眼已經有 10
年左右。十多年木魚清磬，轉眼間已到了 50 歲左右了。「五十而
知天命」，表面上漸江隔絕塵世，但是骨子裡還是密切關注著抗
清動向。江南抗清，此起彼伏，轟轟烈烈了許多年，無奈積弊叢
生，明王朝業已喪失人心，被擁戴的朱明子孫多為紈綺子弟，全
無太祖太宗豪強氣概，不是迅速就戮，便是俯首降清。當然也有
若干忠臣義士，正氣凜然，臨難不苟，但大廈之傾，土崩瓦解，
獨木難支，大明王朝氣數已盡。清王朝的統治，既有殘暴的一面，
但也有治國有方、安定有道的一面。多年陷於水深火熱中的江南
百姓，兩害相較取其輕，能有喘息的機會，苟全姓名於亂世，也
多銷聲匿跡。新王朝統治天下已成定局。這時候，漸江一顆躁動
的心靈漸漸平靜下來了，譬如山間飛瀑，進入深潭，漸漸地波紋
不起，在他 49 歲那一年的冬春之際，大雪封門，道路冰結，深
山古宅初春的寒意較之嚴冬尤甚。漸江深夜難眠，燃燭獨坐，見

---

[23]　此跋題於漸江丙申年〈山水三段〉。此畫縱 19.3 厘米，橫為 75.3 厘米，上海
　　博物館藏。

窗外積雪中的梅枝在寒風中搖曳，胸中勃勃有畫意，於是鋪紙磨墨作〈寒梅圖〉。獨枝疏朵，瘦硬橫斜，折而不斷，寒意盡出。他在畫上題了這樣一首詩：

> 吹燈轉覺紙窗明，一樹空朦夜雪晴。
> 常擬拋書閒半月，不妨閉戶坐三更。
> 冬春之際復何時，耕鑿以先無此情。
> 幸未成蹊生遠處，板橋凍滑礙人行。[24]

可以這樣說，少年時代意氣風發、仗劍走天涯的江韜，一顆躁動不安的心此時業已逐漸平靜，歸於禪境。漸江此時的心境可以說是平靜如水，但不是死水。水中潛流洶湧，但是水面卻波紋不驚，空明如鏡。

---

[24] 此詩據漸江自述，係徐巢友詩，但與漸江作畫時情境與心態切合。此畫見於《明清安徽畫家作品選》，據註，圖藏上海文物商店。

第五章　黃山歌嘯月三更

> 萬山影裡是予棲，別後勞雲固短扉。
> 客久恐招猿鶴怪，奚囊載得雪霜歸。
> —— 漸江《畫偈》

漸江《西岩松雪圖》漸江《黃海松石圖》漸江《怡信峰圖》

黃海之戀

　　漸江作畫，署名時曾用許多別名。除自署佛門名號之外，還有一個別人尊稱他的別名：黃海僧。後人評論他的作品，有「高簡應歸黃海僧」之說。黃海，不是指我國東部領海的哪個黃海，而是指黃山雲海。漸江曾經自述，平生依戀三座大山，即武夷山、黃山和廬山，而以黃山為最。自進入禪門，40歲左右返回鄉裡以後，據他的朋友吳之騄說，漸江每年都要入黃山一次，遊黃山，拜黃山，寫黃山，畫黃山。吳之騄是西溪南人，對漸江了解甚詳，他的記述應該是可靠的。今日遊黃山，因為道路整修，並有索道，數日可以來回，但漸江時代不同，他曾經如此說：

> 黃海靈奇縱意探，歸來籬落菊毿毿。
> 溪亭日日對林壑，啜茗濡筆一懶憨。[25]

　　漸江每年去黃山，往往在湯口招聾叟作伴並導遊，入山後在各寺院流連。棲居寺院除佛事外，踏遍左近青山，在岩頭或溪亭中遙看林壑，長坐終日。醞釀畫意，或作白描小稿，晨昏不輟。入山時可能是在春夏時節，出山時往往已到秋深，霜葉漸紅了。出山後在某鎮某村，胸中勃勃有畫意，於是，援筆將胸中之畫化為紙上的畫幅，貢獻人間。

　　漸江為什麼要對黃山如此依戀之深呢？我認為：

　　一是他的故里就在黃山腳下，他曾用過一方閑章「家在黃山白嶽之間」。白嶽，指齊雲山。近水樓臺先得月也。

　　二是明代後期，黃山之奇在開始為世人普遍理解。古代皖南

---

[25]　據《偈外詩續》，係黃賓虹輯自漸江軸卷。

山地人煙稀少，黃山一帶的石山，不宜耕種，且山路陡削，入山
往往有生命之虞，神山鬼山之說輾轉相傳，旅人往往望而卻步。
多年來，山中有少許寺廟，山中偶有僧人、獵人、樵人、採藥人
往來外，他人對山中境況不甚了然。明代後期始有僧人在山中修
築道路，便利往來，於是黃山聲名漸顯。漸江入山，有探幽訪奇
之意。

　　三是在清初，清軍及官府人員無暇顧及黃山。漸江的學生鄭
旼這樣形容他的僧師的作品：「殘山剩水有知音，斷墨枯毫著意
深」。漸江入黃山，如秦人之避居桃花源，不見八旗兵，也不見
官府胥吏，「不知有清」，那些山巒，那些奇松怪石，那些清風白
雲，一一便成為了漸江的知音。四是黃山之石不同於董源、巨然
山水畫中之石，也不同於倪雲林山水畫中之石，描寫黃山，借黃
山抒發胸中之逸氣，在畫壇可以別開蹊徑。

文殊三更笛

　　漸江隱身黃山，最使人蕩氣迴腸的一節，是文殊臺吹笛。這
件往事，見於當年黃山文殊院住持僧寶月向湯燕生回憶的這樣一
段語：

> 漸江登峰之夜，值秋月圓明，山山可數。漸公坐文殊石上
> 吹笛，江允凝倚歌和之，發音嘹亮，上徹雲表。俯視下界
> 千萬山，皆如側耳跂足而聽者。山中悄絕，惟蓮花峰頂老
> 猿亦作數聲奇嘯。至三更，衣輒蓋輒單，風露不可禦。[26]

---

[26]　此語見漸江《古柯寒筱圖軸》湯燕生跋語。鄭振鐸《明遺民畫續集》影印此
畫。

　　清初的文殊院，據湯燕生記，「高出萬峰之首，矮屋二間，孤峭與天齊，寶月師居焉」。深山古寺，歲月淒清，漸江當年流連此院，和寶月禪師結為至交，別有寄託。到了清末，光緒二十年（1894）四月，高鶴年居士遊文殊臺，景況與清初大體相仿，他說，登文殊臺，需要「穿窟登岩」，還需要「出洞上坡」，山路異常艱險。文殊院是一小小僧院，玉屏峰三面環繞，「石崖如椅」，四面奇松怪石，天然圖畫。院前大石，左如獅，右如象，前面是萬丈深淵，雄險萬狀。玉屏峰前縱目遠眺，萬山匍伏於前，氣象萬千。27 筆者 20 餘年前登黃山，玉屏景象正如高鶴年所記，只是寺院不存，建為玉屏樓了。樓中安臥，遙想 300 多年前畫僧情形，可惜的是，一夢沉沉，黃海老僧未來夢中相會。前些年聽說，玉屏樓已毀於火，峰前一片廢墟，近年黃山屬旅遊熱點，估計當年的文殊舊境，今日又是一番新面貌了。

　　漸江是一位精通傳統文化的高僧，深山萬壑中深夜吹笛，他是別有寄託。向秀聞笛，作〈思歸賦〉，抒發悼念嵇康被害的悲憤之情；李白遭流放時，「黃河樓中吹玉笛，江城五月落梅花」。借笛聲渲染愁情。唐人寫淒婉之情常借用笛聲，「殘星幾點雁橫塞，長笛一聲人倚樓」。被稱為千古絕唱。宋代歐陽修被貶謫時也想到笛聲，他說他夢想的一吐胸中積怨的理想情境是「夜涼吹笛千山月」28。歐陽修想做到但是未能做到的事，漸江做到了，秋日圓明之夜，他在族弟江注的伴同下，在文殊臺面對千山萬壑，用嘹亮的笛聲向長空傾訴，一吐胸中難與人言的幽怨之情。明月凝眸，萬山沉思，寒風砭骨，山猿淚下，哀叫聲聲，這件事情的

27　高鶴年所記，見〈名山遊訪記・正編第九篇〉，江蘇省佛教協會印。
28　見歐陽修〈夢中作〉。載於《居士集》卷第二十。

本身便是留給千秋萬代懷想不已的寓意深深的畫面。

夢中三十六芙蓉

　　漸江畫山，畫山之前相當的一段時間是看山。要把山看清楚，要了解山在一年四季以及陰晴雨雪時的變化，更重要的是，要把人生、心緒寫進山裡。山也是人，他曾經這樣說：

> 坐破苔衣第幾重，夢中三十六芙蓉。
> 傾來墨沈堪持贈，恍惚難名是某峰。

　　黃山「三十六峰」，這是大致的說法。據漸江畫跡，他的足跡所到之地有 60 處，作《黃山圖冊》60 種。這 60 景分別是[29]：

逍遙亭	覺　庵	臥雲峰	松谷庵	翠微寺	白沙嶺
鳴弦泉	立雪亭	油　潭	仙人榜	煉丹臺	閻王壁
雲門峰	藏雲洞	雲　谷	飛光岫	小桃源	觀音巖
九龍潭	皮　蓬	西海門	天都峰	掀雲牖	老人峰
月　塔	蓮花庵	小心坡	石　門	北門庵	仙燈洞
龍翻石	散花塢	擾雲松	石筍缸	大悲頂	飛來峰
碣石居	綠蘘崖	清潭峰	一線天	朱砂泉	錫杖泉
光明頂	醉　石	逍遙溪	白龍潭	慈光寺	青蓮宇
横　坑	丹　井	臥龍松	烏龍潭	獅子林	蓮花峰
灑藥溪	趙州庵	仙　橋	文殊院	蒲團松	桃花溪

　　漸江所作〈黃山天都峰圖〉，為去疑居士作。是一幅後世公認的精品[30]。畫中題了這樣一首詩：

---

[29]　漸江此圖冊分裝五冊，現為北京故宮博物院收藏。冊後有蕭雲從、程邃、唐允甲、查士標、楊自發、汪滋穗、饒景、汪家珍八人跋語。

[30]　此圖現藏南京博物院。

> 歷盡巉屼霞滿衣，歸筇心與意俱違。
> 披圖瞥爾松風激，猶似天都歌翠微。

他不僅描寫了天都的光與色，而且寫出了天都的生命，松林搖曳，為大自然的雄偉神奇在歌唱，真是神乎其技。

漸江在世的最後一年所作的〈始信峰圖〉，也是一幅為後人交口稱讚的名畫。此畫為且先居士作，現藏廣州美術館。圖中山石情狀與今日所見彷彿。確係漸江細心觀察構圖，然後精心摹寫的寫實作品，只是今日建築物與三百餘年前略有不同。漸江曾有詩吟始信峰：

> 人言始信峰，到峰方始信。壁斷以松援，壑深以泉聽。
> 何當攜一瓢，托止萬慮擯。雪霽月升時，於焉心可證。
> 31

登峰無路，實在要上去只有攀援山壁間橫出的松樹，偶爾俯首下視，下面是萬丈深淵，始信峰之奇，始信峰之險，詩人表現得淋漓盡致。面對此山，倘能靜坐終日，萬念俱消，中心澄明，倘此時飛雪已停，群山素裡，寒月在山頂初露，清光照徹人寰。此情此景，真正是人間天上。

深山佛緣

古代黃山，據元代汪澤民於至元六年（1340）所寫《遊黃山記》，山中有南唐碑[32]，說明約千年前，山中已有寺廟。舊傳山中多處為仙人所居，某處又為某人成仙之處，高山險峻，野獸出沒，

---

[31]　同 29。
[32]　《遊黃山記》，收錄於上海書店版《天下名山遊記》。

無路可通，人跡罕至，撲朔迷離。元代初年，據汪氏親歷，山中有祥符寺、翠微寺、仙源觀及小庵，間有僧道人物出入。漸江所生活的明末清初，山中險段開始出現道路，寺廟亦逐漸增多。據畫跡，有松谷庵、翠微寺、蓮花庵、北門庵、慈光寺、趙州庵、文殊院諸處。漸江入山，這些寺院均為歇宿觀景與吟詠潑墨之所。有了這些寺院，漸江也得以歷遍全境，長時間在山中流連。

雲谷寺屬於山麓大寺，僧人較多，漸江經常在此掛單。50歲這一年的九月，漸江住雲谷寺，為住持澂公尊師作〈清泉洗硯圖卷〉，看來，澂公也是一位有文化修養的高僧。清初，曾經擔任隆武王朝丞相的熊開元，兵敗後為僧，曾隱居雲谷寺一段時間，為業已逝世的前代住持僧人寓安作〈塔銘〉，但未勒石。漸江掛單雲谷寺，據許楚記，應住持僧人之請，用大字書寫〈塔銘〉，以便建塔後刻在石碑上。漸江與熊開元俱屬抗清人物，先後為僧，均有雲谷蹤影，倘有見面機緣，應當彼此契合，只是，至今尚未有史料能夠證明他們彼此的交往。

漸江在蓮花庵住過很長時間，他說，「黃山影裡是予樓」。深山古廟住久了，飲食供應是個問題；再說，山中寒冷，進入暮年生活也多有不便。他的根據地是五明寺，周遊太久，還是要回到寺中，所以他說，「客久恐招猿鶴怪」。於是秋冬之際別廟下山，「奚囊載得雪霜歸」。黃山是他的遊歷之地，歙縣才是他的久居之所。黃山擲缽禪院面積很大，舉行佛事合乎儀規，周圍為竹林與柏林環繞，環境優美。主持僧邀請漸江至院，漸江是在下午時分入院的，「肅袖入招提，峰頭日偃西」。主持僧率眾僧迎迓，噓寒問暖，態度恭謙。獻茶獻食，使漸江如坐春風，「寒暄承簡約，茗餌正調饑」。黃山茶是很有名的，漸江每到一處寺院，都要記

錄他飲茶的感覺，如在文殊院，他說：「皈忱獅座燈懸寂，定息雲寮茗正宜」。文殊院的茶醇香可口。到了山口茶庵，免不了要啜茗看山，感喟人生，說是「來往同前度，浮生杳味茫」。山寺前後風折樹枝，縱橫遍地，漸江一根一根地拾起來，說是供山僧烹茶。「林前落木多，風過如人掃。偶攜幾枝歸，堪用烹茶竈」。

第六章　風雪拜匡廬

宗雷賦性癖難除，絕壑高峰一杖拏。

三願已酬應不恨，武夷黃海及匡廬。

——鄭旼《憶漸江師八首》之一

漸江《天都松風圖》　漸江《山水冊》之一

西進鄱陽

　　歷史進入康熙年代，這一年漸江 53 歲了。53 歲的黃海僧每每由於畫幅完成，觀畫的人總是讚不絕口，說他的畫「名震寰宇」、「超絕古今」，說海內諸大家只能是「甘拜下風」。這些都應當被看成是由衷之言。確實，漸江幾十年來逐漸形成的簡淡高古的畫風，這時候已經到了爐火純青的地步。秋日，他為一位號稱「桐阜」的朋友作〈桐阜圖卷〉，後人回憶說，他的畫從幼年起就很有出名，便已有慕名者仿作，到了後世，他的畫「殘煤斷繭，價重南金」。許多人仿他的畫，企圖以假亂真，學到的只能是皮毛，學不上他的精神骨力。並且說，他在〈桐阜圖卷〉上畫的桐樹，歷四十年「桐陰如故，墨痕猶新，閱之三嘆」。就在他為桐阜作畫不久，從江西來的朋友王雄右勸他到廬山去看看，說看了黃山，還要看看廬山，黃山與廬山各有千秋。

　　朋友的慫恿使得 53 歲的老僧興致勃勃。廬山不比黃山，有豐富的歷史文化遺跡，而且有若干佛家名寺，訪古參佛，必將使得鄉里蟄居多年的畫人境界大開。廬山在西，西去要做準備。一是旅途與山中要有接待的地方；二是路途遙遠，約有 700 里山重水複的路程，舟車的狀況要有了解；最重要的是第三點，旅行要有盤纏。出門在外，沒有銅錢寸步難行，縱然有好畫，人家不買也只能徒喚奈何。

　　這一類準備並不困難。首先是漸江生活簡單，衣食住行需求甚低，他的朋友如此形容他：

　　　　靜士淵妙，孤奇朗拔。
　　　　食謝腥羶，衣只袍葛。

踩雲體輕，涉險神翕。[33]

漸江不用葷腥，衣著隨便，而且身體硬朗，爬山不需要山椅之類代勞，旅行自然所費不多。於是朋友幫助，大家為他設計了旅行路線：先去鄱陽湖東岸呂旦宅家暫住，然後俟機渡湖，上山後可投宿金輪庵，由雪庵和尚接待。途中所需，朋友王雄右準備了足夠的糧食；朋友余子敬覓一戶工，在途中為漸江背負行李，照料起居；朋友吳聖卿贈送一根竹杖，作爬山涉險之用；季節正值冬日，朋友令子正解下身上的羊裘相贈，以遮湖區風寒。西去經過半溪，半溪吳姓主人有厚贈。彼此有君子協定，漸江途中得便時作畫，以畫還貸。

漸江臨行時，有 6 位本地朋友為他送行。這 6 位朋友是朱眉方、戴務旗、南雲開士、汪山固、程守、許楚。許楚寫了一首送別詩，詩裡說，漸江將「由芝山，涉彭蠡，遊匡廬」時間在冬月，詩云：

> 夢入匡廬總未離，忘峰飛雪一肩詩。
> 懸瓢直上棲賢谷，布硯時依白傅祠。
> 定有遺民誇足健，恐逢康樂笑人遲。
> 玉爐三澗奇難盡，過眼煙雲即導師。

避寒且讀齋

「萬山風雪一肩詩」，許楚幻想漸江旅程的詩，寫得太浪漫了。他不了解廬山，不了解山中嚴寒季節風刀雪劍的厲害，事實上，漸江由水路到達鄱陽時，就已經是「萬峰風雪」了。

33　湯燕生於漸江〈疏柯坡石圖〉所作跋語。

鄱陽，秦稱蕃陽，今稱波陽，是鄱陽湖東側的一處古鎮。由
鄱陽到達廬山，還要有近 200 里的水路。鄱陽接待漸江的是呂應
昉，字旦先，歙縣人，早年移居於此，呂宅在縣城北芝山之陽，
詩文中亦稱芝陽。呂氏有二子，聘請歙縣名士王煒任家庭教師，
望子成龍，人之常情。王煒亦名王艮，字無悶，號广乘樵，是漸
江早年詩友。鄉里情深，有兩位同鄉熱情接待，有寬敞的住宅可
供安居，漸江自然有賓至如歸之感。主人再三叮嚀：冬雪季節，
廬山業已封山，冰雪為災，虎狼出沒，道路難尋。嚴冬天留客，
老和尚遵主人命，在呂府避寒，等到春暖花開季節，冰雪消融，
擇吉日登攀山之路。當然，感謝主人盛情，呵凍融冰，為主人合
家作書畫之勞，人情之常是免不了的。

呂旦先也是讀書人，書房名「且讀齋」。這一年冬春之際，
且讀齋成了漸江的臨時畫室。漸江在且讀齋所作的〈疏泉洗硯
圖〉，按常情，屬於芝陽呂宅寫實作品，圖為橫批，在山林中繪
一大宅，院墙外岡巒起伏，道路委迤，懸崖孤亭，水流潺潺，老
幹虬枝，芳草遍地；院墙內有房屋多間，宅門禁閉，長木遮陽，
屋宇高敞，書房整潔。圖中老人山行，童子捧硯；佳客臨窗，遠
望凝思。應當說，這是老和尚寄居呂宅觸景生情的作品。漸江在
呂宅還畫了〈始信峰圖〉，為主人作，由王煒題圖，詩云：

> 紫雲幹堵削芙蓉，不信人間有此峰。
> 記與老人松畔立，至今眉鬢帶煙濃。[34]

接受人家的食宿供應，以畫作酬，禮尚往還。漸江於且讀齋
為主人作畫，絕對不只一幅兩幅，可惜的是，未有記述傳世。為

---

[34] 此圖為縱 214 厘米，橫 84 厘米巨制，現藏廣州美術館。

主人作書畫以外，客居略有空閑，漸江便想起豐溪吳氏贈銀，未還畫債，於是作〈山水圖卷〉，署款作於「寓芝陽東湖上」，畫成便托人捎給人家，言而有信。到了康熙二年（1663），漸江由廬山返程時，在呂宅又作〈秋柳孤棹圖〉，山高水遠，小舟孤翁，畫面極為空寂。這幅畫是送給一位叫「次豫」的先生的，也是人情債吧。

廬山之旅

康熙二年（1663）的初春，廬山冰雪融解，山路漸有行人，由王煒作陪，漸江攀登廬山。

廬山在潯陽江口，「九江之上，有巨山掘起，名甲天下」。陶淵明在山中有歸隱處，李白於山中留有若干名句，白居易在山中建有草堂，朱熹在山中建有書院，還有陸羽品茶，王羲之養鵝，山中亦有遺跡。至於仙佛蹤影，傳說種種，大小廟宇星羅棋布，正所謂「琳宮佛屋，峰峰毗連」。登山峰高處，「望九十六峰，隱見天來」。氣象萬千，蔚為大觀。不管是自然景觀，還是人文景觀，廬山的特點，和武夷、黃山都不一樣。

關於漸江遊匡廬情形，他的朋友有如下記實文字：

> 壬寅，過匡廬，弔宗、雷之遺事，感劉、竺之微言，覺遠公聲影猶在，師乃始毅然著《發願文》也。[35]

漸江入廬山，不是一般的泛泛遊覽，而是宗教之旅。他是為追尋「遠公」的身影而來的。遠公，是指東晉時代的僧人慧遠，本姓賈，山西人，他於東晉太元六年（381）入廬山，與若干高

---

[35] 見王泰徵〈漸江和尚傳〉。

賢共結白蓮社，後世被推為佛門淨土宗的初祖。至於「宗、雷之遺事」，則指白蓮社成員宗炳與雷次宗。宗炳是六朝時期的畫家，一生暢遊山川，所著〈畫山水序〉是中國畫早期畫論的奠基之作。雷次宗曾經是皇家侍讀，也曾入廬山，聽慧遠說經。「感劉、竺之微言」，則是指白蓮社成員中另外兩個人，劉遺民與竺道生，二人於佛法之領悟均甚為精闢。當年，慧遠曾率宗炳等 123 人在無量壽佛前宣誓，發願後生入彌陀淨土，離開人間。漸江訪尋慧遠遺跡，也作了〈發願文〉，說明漸江此時真心修煉，鄙棄人世。他無力改變當日清人統治的人間，他要憑自身的修省，前往西方極樂世界。

　　漸江春日入山，初夏返回芝山呂宅作畫，六月間已返回到歙縣豐溪，約略計算，在廬山遊歷，大約有一兩個月的時間。漸江在廬山的常住處是金輪庵，住持為雪庵，雪庵是合肥人，很可能與王煒相熟，由王煒作出的安排吧。廬山的寺廟很多，在明人李夢陽的記述中，有尋真觀、折桂寺、白鶴觀、樓賢寺、萬壽寺、太平寺、萬杉寺、開先寺、歸宗寺、圓通寺、天池寺等，在正德年間，尚無金輪寺。一種可能是，當年李夢陽足跡未至；另一種可能是，寺名常有變化，因施主、住持的變更而變更。只是一種事實可以確定：明末清初，金輪寺並非廬山大寺與名寺。

豐溪畫事

　　漸江晚年，與豐溪吳宅結不解之緣，據當地老人傳說，緣於吳宅藏有倪雲林真跡。開始漸江遍求倪雲林真跡不得，尚嘆為恨事。某日，偶在豐溪吳宅獲觀倪雲林真跡，大喜過望，癡迷時甚，便佯稱有病，不肯離開吳府。漸江之病也稀奇，不見倪畫則病甚，

見了倪畫則病癒。主人心善，留和尚在宅中居留三日，這樣漸江便朝夕觀摩倪畫，於是胸中豁然開朗，落筆便絕超越，從此將從前畫作付之一炬，步入藝術創作之新境界。但是，還有一種說法，便是市場的推動力。漸江晚年傳世佳作甚多，關鍵處，在於有人慧眼識珠，願意以財換取他的繪畫，或收藏，或轉贈，或轉賣。豐溪吳府的若干主人便是這一類人物。順治末年，漸江常寓吳府作畫，吳府主人是他的知音，是他的藝術成品的欣賞者與經營者，市場或潛在的市場是刺激藝術生產的推動力量。

　　豐溪一稱西溪南。西溪南吳姓聚族而居，在徽州影響巨大。萬曆〈歙縣誌‧食貨〉云：「邑之鹽筴祭酒而甲天下者，初則有黃氏，後則汪氏，吳氏相遞而起，皆有數十萬以汰百萬者」。這裡的「吳氏」屬於徽州望族，分居歙縣西溪南、南溪南、長林橋、北岸、巖鎮諸村，豐溪的吳府影響最大。晚明高麗戰爭及宮廷復建三大殿，吳府皆曾出重金捐助。由於捐輸甚多，萬曆年間吳府多人被賜官，有「一門五中書」之說。據記，吳府家築藏書閣，收藏古籍圖書及書畫文物甚多[36]。順治年代吳府主人為吳羲、字伯炎，亦稱不炎。他的經商事業中很重要的一個方面是在揚州經營鹽業，屬於清初揚州鹽商群中重要人物。漸江和他關係密切，知情人在漸江畫跋中如此解讀：

> 漸公留不炎家特久，有山水之資兼伊蒲之供，宜其每況益上也。[37]

36　引自《徽商史話》，黃山書社 1992 年版，及《徽州學概論》，中國社會科學
　　出版社 2000 年版。
37　漸江〈曉江風便圖卷〉程守跋語。

　　這就是說，吳羲可以提供漸江旅行及食宿的條件，提供適宜的環境。讓老和尚潛心作畫，而漸江則贈畫作為報答。在漸江方面，物質的享受本無奢求，問題在於需要有人理解並支持他的創作，為他提供方便，有助於他的畫興。商人與畫人融合地合作，各得其所，這樣，便推動了許多著名藝術品的誕生。康熙元年（1662），吳不炎即將前往揚州料理鹽務時，漸江為他畫了一幅《曉江風便圖》，祝他一路風順，並且祝福他數日後能夠「旋旋」。吳不炎去到揚州，想不到命運不濟，「不免虎口」，遭遇坎坷。吳不炎在這一幅畫上題句說，溪人尺幅，歌詠半生，客中展讀此畫，一時間忘卻人生險途之艱難。這幅畫成為與他共患難的良友。這幅畫成為他們二人友誼的見證，也是助人從容應對人生種種難題的良藥。

　　早在 51 歲時，漸江即在吳府的介石書屋畫過〈豐溪山水冊〉，畫冊共十開，所寫山水小景，極可能係豐溪附近山景，大多峰岩野屋，溪水環流，遠雲近樹，孤高絕俗。邵松年曾為此冊題過一首七絕，最值得注意的是如下七個字：「山如斷骨樹如簪」。這樣的理解可謂深得漸江師畫法的神髓。51 歲這一年的冬天，漸江還在豐溪草堂畫過〈為與進畫山水軸〉，題句為「老年意孤成縮澀，乍見停雲有會心。筆墨於斯需一轉，縱橫無礙可全神」。

　　漸江 53 歲的冬天，又曾在豐溪吳府作畫，有〈介石書堂冊〉傳世，現藏廣東省博物館。此冊十二開，紙本，水墨畫。應當說，漸江的晚年，經常往來於五明寺與豐溪之間，吳氏一門非常尊重他，理解他，在精神與物質兩個方面能夠滿足他的要求，他也樂於成為吳門賓客，潛心創作。

　　漸江廬山歸來，回到豐溪，時在康熙二年（1663）的六月。

此時吳羲已從邘溝歸來，許楚、程守，還有漸江的從弟江注也在豐溪一帶，諸人興起，準備去山川佳處避暑，盡一日之遊。

第七章　示寂五明寺

宗雷場散大江東，老眼何堪送雪鴻。

乞畫乞書人未退，梅花龕裡一燈空。

　　　　──許楚《漸公化去八絕句》之一

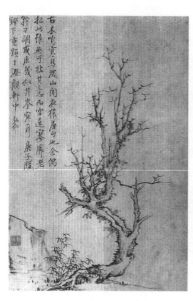 

漸江《枯木竹石圖》　　　漸江《松石風泉圖》

放筏西干

　　吳不炎好客，迎迓從廬山倦遊歸來的漸江，時正溽暑，便挽留畫僧在山村小憩，待天氣轉涼時再返回五明寺。主客相知，熟不拘禮，漸江便在吳府盤桓，約旬日左右。

　　歙縣環山，山水順流而下，匯為縱橫交錯的溪河。山河之間，林木茂密，形成若干風景佳處。炎暑之際，山水之間自然不比人群聚居之地，清涼可人。吳不炎招待漸江，使客僧的避暑生活不致枯燥，於炎夏之某日，邀集諸人作西干之遊，調劑生活。西干在縣西披雲峰前，有山泉蜿蜒而下，水邊摩崖，昔日刻「石淙」兩大字，是一處溪山優美、花木扶蘇的風景佳處。從西溪南至石淙水路相通，吳不炎便備了船隻，帶了王羲之的〈遲汝帖〉真跡和幾十種宋元書畫珍品，供舟中友人欣賞。同舟人有不炎叔父吳驚遠及弟，漸江及從弟江注則是舟中主客。舟中有樂人伴行，以助雅興。江注謝主人美意，特意雇舟買酒，隨主舟同行。當時許楚借居某寺，吳不炎曾專程至寺盛情邀約，許楚欣然，同時轉約程守，在約定時間，賃舟前往，於是，石淙之遊形成了龐大的旅遊團隊。舟遊免不了就吳氏新獲得的書畫名品展開議論，免不了主賓雜坐的野餐，免不了彈弦吹笛，免不了放開歌喉，免不了開懷暢飲，免不了放言高談，也免不了由漸江揮毫作畫。漸江當時畫的是一幅〈石淙舟集圖〉，許楚於圖上作長跋，跋文如實記錄了當時舟遊情形：

　　　　漸公歸自匡廬，道過豐溪，吳不炎兄弟留憩旬日；洎與其叔氏驚遠偕漸公放筏西干，攜先世所藏右軍〈遲汝帖〉真跡及宋元逸品書畫凡數十種，訪余荒寺。開囊觸目，玉躞金題，應接不暇。飯後，允凝呼舟貰酒就

蔭石淙。灌木被潭，澄沙泛碧，風生几研，不暑而
秋，瀹茗焚香，縱觀移日。蝕庵亦從南岸鼓枻而至。
評賞之餘，佐以雄飲。不炎命小吏度曲，允凝索長
笛和之，一時溪山翰墨，輻輳勝緣，絲竹清音，咸
臻妙麗。少焉，夕陽告往，黃嶽弄雲，光怪陸離，
搖曳萬狀。漸公不禁解衣脫帽，捉紙布圖。允凝就
其皋阪，暢厥煙淑；虛中流一舟，以待一分，寫瀠
洄野泛之致。是集也，叩寂寞而求音，數遊鱗而出
聽，緇素多閑，觴詠無律；可謂極嘉會之徜徉，磬
交徒之同趣。繪圖既畢，各賦一詩。[38]

許楚是石淙之遊親歷者，他的跋語自然是真切可信的。遺憾
的是，今日所能見到的王羲之書跡除〈姨母帖〉、〈喪亂帖〉等幾
種集帖外，〈遲汝帖〉已難見蹤影了。還有，當日漸江「解衣脫
帽，捉紙布圖」，論者以為是受了風寒，種下了病因，導致了他
冬日仙逝。這只能是一種猜想。〈石淙舟集圖〉歷 300 餘年，現
在已真跡難見，但在當年，是有許多文友欣賞過的。漸江逝世後，
有一位四川文人先著者，為此圖題過幾首絕句，其中一首說：

漸江除卻數莖髮，畫筆清蒼不貴多。
寫到家山尤著意，詩成無奈夕陽何。[39]

病中況味峭如冰

漸江返回本寺，從癸卯的七月一直到逝世，約半年時間，就

---

[38] 此圖已難尋見，跋文見許楚《青巖集》卷十二。

[39] 先著，四川瀘州人，客居金陵，順治、康熙間人。此詩錄自其著作《之溪老生
集》。

現有資料看，沒有離開過五明寺。此時的漸江，畫藝已臻化境，而且廬山回來，沿途所歷山水甚多，胸中應有許多腹稿，靜坐澄觀軒，應有巨幅制作。但是，目前有跡可尋的只有下列數種：

一是為許楚作〈三疊泉〉。許氏說，「師返自廬山，寫〈三疊泉〉以見餉」。許氏又說，此畫作於師歿之「數月」前，約在夏秋之交[40]。

一是〈山水卷〉，自註畫的是「小景」，時間是「癸卯長夏」。

一是〈山水軸〉，自註畫於「癸卯新秋」，約七月。

一是〈梅竹扇圖〉，自註畫於「癸卯秋仲」，約八月。

一是〈山水冊〉，8 幅，自註畫於「癸卯嘉平八日」，即十二月八日，歿前十四日。

這半年時間，漸江未離開歙縣。就和尚一生蹤跡看，他喜歡遊歷四方，特別是名川大山，54 歲的人，應當足力尚健，但是，這半年未嘗遠出，不符合通常情形，可能身體不適。身體不適，但仍有畫作，說明病情尚未如何嚴重。

漸江曾經寫過一首詩描述他在病中狀況：

病中旅況峭如冰，倦起還看一幅藤。
瀑布樓邊時自煮，三更分得佛前燈。[41]

此詩無創作時間可考，如果說，這是 54 歲秋冬之際的寫照，也應當是被認可的。漸江於澄觀軒中還作過一幅畫，畫中有行將枯槁的古木一株，用唐人「古木鳴寒鳥，深山聞夜猿」詩意，寫空遠寥廓的孤寂之情。這幅畫作於逝世前，也許，他是預感到總

40　見許楚〈黃山漸江師外傳〉。

41　漸江《畫偈》第五十五首。

有一天，澄觀軒中的他會如這株形同枯死的古木一樣，生命即將結束，而掘強的姿態不改罷。

盧山歸來，長期處於旅途疲憊狀態，漸江身體有某種不適，應當說是常見現象吧，需要調理，需要休息，需要醫治。問題是漸江的體質不佳，加之長期素食，營養不良，生存條件又過於簡單，缺乏醫療條件，到了臘月中旬，病情驟然加劇。但是，漸江仍然是清醒的，歿前做了三件事：

第一件事。是逝世前一日，作三幅畫，分別送給三位窮朋友，以了平生心願。

第二件事，是逝世前夕，去寶相寺沐浴，以求淨身。

第三件事，是覓來登盧山時所準備的芒鞋，大概是為去西方淨土做準備吧。

這三件事，他的朋友在一首詩中加以概括，詩云：

> 先期一日弄寒煙，乞與貧家度臘錢。
> 索取匡廬峰上履，濯來寶相寺中泉。

梅花龕裡一燈空

漸江之死，在五明寺。五明寺在歙縣之西。「城西十寺，昔皆沿山沿河，幽靚特甚。蜿蜒而上，萬籟寂然，一碧滿目，洵靈境也」。[42]

漸江之死，是在康熙二年（1663），即癸卯年的臘月二十二日。按農曆算法，為虛齡 54 歲，僧齡則為 22 年。如果以公曆計算，歿日為 1664 年 1 月 27 日，應該算是又一年了。據程守記，

---

[42]　見康熙年《歙縣誌》。

漸江坐化時，有他和「二三故人」在側。坐化之時，漸師「喃喃佛號不絕」。這就是說，漸江此時屬於虔誠的佛教徒，他相信他生命的結束是佛的超度。他的死因有兩種說法，一種說法是「自秋徂冬，感疾不起」[43]。又一種說法是「無疾而終」[44]。這兩種說法都是值得推敲的。去世前一日，仍然去寶相寺沐浴，並非一病不起；再說，54歲未至身體機能全面老化時刻，怎麼會無疾而終？可能的情形是：漸江潛在的病源並未求醫診斷，順其自然，致使微恙發展至致命的程度，他自己和周圍的僧眾都不明白他患的是何種疾病，認為生死由命，結果在精力尚健的天命之年，讓一代繪畫天才糊里糊塗地告別了人世。

漸江歿前，有幾件恨事。一是曾發願去黃山慈光閣，「慈光禁足三年，披閱《大藏》」。謝絕塵世，潛心佛學，這件事沒法做到了。第二件恨事是準備去蕪湖看望湯燕生，然後「入山研究性命之學」，這件事也沒法做到了。第三件恨事是準備把自己的「墨妙」，即書畫作品分贈好友，這件事做到了沒有，無記錄可考。漸江生前還收藏若干文物，這些文物是宋版圖書、倪雲林書畫卷、黃公望掛幅、淳化祖拓帖、古玩歙硯、梅花瘦瓢、羊角竹仗、擊子銅爐、古瓷磬洗、定州鹿根瓶、陽羨匏壺，可記者11件，號稱「十供」。漸公歿後，這些文物便逐漸流散人間了。

漸江一生愛梅。不管住在什麼地方，也不管地方如何狹仄，周圍都要有梅作伴，或植梅樹，或置梅花盆景，其他花木不雜列

43　殷曙〈漸江師傳〉，收錄於《黃山誌》卷四。

44　語見《清代七百名人傳》。

其間[45]。臨歿前，他關照在他的墓上遍植梅花，他交代說：「清香萬斛，濯魂冰壺，何必返魂香也。他生異世，庶不蒸芝湧醴以媚諂口，其賴此哉」[46]。

經僧俗議定，漸江歸葬於披雲峰下、五明寺旁。墓旁梅樹成林。今日遺址猶存。漸江有一學生，早年名鄭旻。明亡後，他痛於君王已矣，頭上已沒有太陽，將「旻」改為「旼」名鄭旼。拜漸江墓時，他說：

> 披雲峰下昨年前，看畫題詩意宛然。
> 今日重過人不見，梅花栽向墓門邊。

還有一位詩人名畢榮佑者，過漸江墓，憶漸江生平，他的悼亡詩寫得十分蒼涼：

> 雲林畫意惠休名，鶴影天空鐵笛清。
> 零落詩魂寒透骨，梅花墓上一關情。

45　據〈江處士家傳〉，載於《清史稿》卷四十六。
46　同 42

第八章 漸江藝術之評

　　廿年前負天都絢，此日應看畫裡山。
　　妙跡依然人不見，松間鶴夢幾時還。
　　　　　　——查士標《題漸江上人畫》

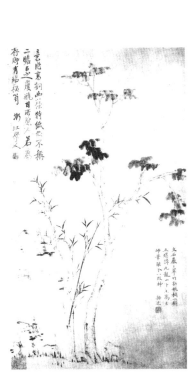

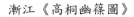

漸江《高桐幽篠圖》　　　　漸江《秋泉圖》

漸江繪畫意境

漸江畫，閑靜淡遠，如對幽人。

讀漸江畫，有這樣印象的人甚多。吳肅公在畫跋中說：「畫偈予不諳畫法，愛其閑靜淡遠，如對幽人」。真可謂得其神髓。閑、靜、淡、遠四字中，最關鍵的一個字，是個「靜」字。道光年間，收藏家得漸江《山水冊》十頁，跋語評為「畫俱得清靈之氣，係從止靜中悟來」。清靈源於靜。靜是漸江畫的主要特徵。

漸江畫，具高寒之美。

同時代的人汪洪度認為漸江的畫滿懷悲愴情緒，讀漸江畫寒氣襲人，大暑天似乎要披上寒衣，「堂上高懸聲稷稷，六月人思衣裘帛。黃山本是公家丘，歲寒伴侶松堪結」。他所懸掛的畫是一幅黃山奇松圖。還有一位詩人汪樹琪形容漸江畫的寒意更具體了：「冰崖寒窖中，終古不知熱。炎天一披拂，毛髮生凜冽。何必著青鞋，更踏松間雪」。

漸江畫，具簡淡高古之美。

「簡淡高古」之說，見於漸江〈宋人畫景冊〉尤希之跋。跋語這樣評漸江：「筆力之遒勁秀雅，超絕古今，海內諸大家靡不甘拜下風。可見此冊之用筆蒼老天然，其簡淡高古有不可言喻矣」。簡、淡二字中，簡字最重要，邵松年曾於〈豐溪山水冊〉後題詩云：「畫家爭說婁東派，高簡應歸黃海僧」。便是說，他的畫風與風靡一時的王時敏、王原祁的院體畫的畫風不同，以「簡」為勝。「高簡古淡」之說，亦見於徐榮為漸江〈墨梅冊〉所做評述。

漸江畫，豐骨泠然。

這是石濤的評語。漸江畫山，以骨力勝。瘦削中飽含生命的張力，寂靜中有清越之音。

漸江畫，得黃山真性情。

這也是石濤的評語。二 他認為漸江畫「一木一石皆黃山本色」。世謂畫黃山高手有三人：石濤、梅清、漸江。石濤得黃山之魂，梅清得黃山之影，而漸江則得黃山之質。

漸江畫，具疏遠之致。

《黃山誌》介紹漸江畫，說是「層巒聳秀，淡遠蕭疏，悉備諸家體制，有超然塵外趣味」。在《如見斯人山水冊》中，姜實節跋云：「漸公畫，平林斷壑，有疏遠之致」。「疏遠」的意境與「淡遠」近似，都是吝惜筆墨，筆筆傳神。

漸江畫，清澈絕塵。

《如見斯人山水冊》[47]載方熊跋：「漸公清澈絕塵之畫，瀟灑超越之人，考核原委之議論，今不得見之矣」。先著題漸江畫詩云：「漸公除卻數莖髮，畫筆清蒼不貴多」。意思彷彿。

漸江畫，富於禪趣。

說漸江畫以禪意入畫，而且畫有禪味的人很多，他的題畫詩，後人收集抄錄成冊，便名《畫偈》。杭世駿說：「是詩是畫兩絕塵，合度君家畫禪室」[48]。 因為有禪境，才有簡淡閒靜，才有疏遠之美，高寒之美。查士標在漸江一幅畫的題跋中說：「借畫梅說法，

47　《如見斯人山水冊》有多家題跋，方熊跋是其中之壹。

48　杭世駿《道古堂詩集》卷二十一：〈題漸江師山水〉。

橫見側出，無不苟合，解此可與語禪」。道光年間金蕚如此評漸
江畫：「見詠漸江上人畫，知其清風高蹈，有脫於禪者」。幾代人
的看法是一致的：漸江參悟佛理，融於畫中。

漸江繪畫筆墨

漸江筆墨，山如斷骨樹如簪。

邵松年品評漸公山水畫，說是「攝取幻霞溯洪谷，山如斷骨
樹如簪」[49]。這是構成高寒疏簡的形象的說法。

漸江筆墨，瘦而潤，細而勁，淡而餘味悠長。

晚清楊翰欣賞漸江畫，他區別真本與贋品的經驗是：「欲辨
漸江畫，須於極瘦削處見腴潤，極細弱處見蒼勁，雖淡無可淡，
而饒有餘韻，乃真本耳」[50]。

漸江畫用筆堅硬，筆墨堅勁。

葛金烺《愛日吟廬書畫錄》的題記中有此語。說漸江畫「用
筆堅硬」，還說即便是用筆肥潤時，也現得堅勁。

漸江筆墨高秀。

「高秀」之說，見於石濤之評：「筆墨高秀，自雲林之後罕
傳。漸公得之一變」[51]。

漸江筆墨，清遙蕭散。

密友許楚如此評述漸江筆墨：「以北宋風骨，蔚元人氣韻，

49　漸江〈豐溪山水冊〉後，邵松年題七絕中句。
50　見於楊翰《歸石軒畫談》。
51　石濤評說見於漸江〈曉江風便圖卷〉跋語。此圖今日多種漸江畫集有載。

清遙蕭散」[52]。

漸江畫品與人品

漸江繪畫，別有孤懷。

對於漸江了解甚深的湯燕生這樣理解漸江的作品：「生應黃山與練水，前身貫休後齊已。世人知師環與詩，別有孤懷不易擬」[53]。「別有孤懷」是什麼內容？在清代有時忌，不可明確表達。

漸江繪畫，高流靜士，胸無纖塵。

此語出自袁啟旭跋語。他不了解漸江生平，但觀畫後有 16 字評：高流靜士，胸無纖塵；清泉白石，一往情深。

漸江成就緣由

緣於黃山生活。

黃山開發，讓有志觀山者能順利地進入黃山，始於清末。漸江同鄉汪家珍言，同為黃山腳下之人，「有垂老不見黃山者矣，有身見黃山而心不見山者矣」。他認為漸江的黃山之畫進入畫境，就在於「身心交見」，情滿黃山。唐允甲說得最透徹，他說漸江「剃髮為僧，遁跡黃山中，與樵青牧豎為侶，坐臥其中，不計歲時」。於是山中的陰晴變化，峰壑形態，鳥語花香，水木霜雪，皆貯於胸中。出於腕指，以致黃山之畫，不僅形似，而且神似。張庚概括地說，畫師應「以天地雲物為師」，而漸江的畫呢？「入

---

[52]　見許楚《青岩集》卷十二。

[53]　見故宮博物院藏〈巨然遺韻山冊〉，原係湯燕生藏，有湯氏多首題詩。

武夷而一變，歸黃山而益奇」。山水給了漸江以靈性[54]。

緣於家國之悲。

王煒是漸江早年白榆社的社友，也是詩人，畫人，他曾陪漸江作廬山之旅，對漸江知之甚深。他在〈寄半水師畫卷〉跋語中說：「公親友亡後，數十年精神無可抒發，獨托於畫而運之，又重之於傳人。固非朝華夕秀之眾卉可比也」。可謂一語中的。漸江如此，髡殘、八大、石濤皆如此。

緣於精研佛理。

漸江無奈為僧，但又誠心奉佛。到了生命的終年，他已由一名抗清鬥士轉化為一名虔誠的佛教徒。齊承慶題漸江畫云：「憶昔漸江師，佛法通精理。拈花妙悟生，丹青供唾指。天生嵩嶽全，縱筆使萬里，畫山不畫色。蔥蒨顏如洗。畫水不畫聲，碧波流彌彌」[55]。佛境與畫境，在漸江作品中水乳交融、凝為一體。

漸江藝術之歷史地位

漸江屬於清初新安畫派的領袖人物。

張庚在《國朝畫徵錄》中說：「漸江……山水師倪雲林，新安畫家多宗清閟法者，蓋漸師導先路也」。清閟，是倪雲林的別稱。清初，歙縣及海陽畫家查士標、孫逸、汪之瑞等人山水畫受倪雲林影響甚深，張庚認為漸江是領軍人物，開宗明派。吳肅公在漸江畫跋中認為：「漸江高士逃禪，畫在倪黃之間，新安好手，

54　漸江之《黃山山水冊》前後有多人長跋。這些人是蕭雲從、程邃、唐允甲、
　　查士標、楊自發、汪滋穗、饒景、汪家珍等，可以參看。
55　此詩轉引自陳傳席《弘仁》一書所引。

皆此陶染」。從又一側面認定漸江在新安畫派中的地位。

　　山水畫之外，漸江常畫梅花。他一生愛梅，以梅為人品與節操的象徵。湯燕生云：「漸江老人梅與探，畫梅入妙冠江南」。「冠江南」之譽，恰如其分。

漸江生平簡表

一歲　明萬曆三十八年　庚戌　1610年

出生。

故里在歙縣江家塢，亦稱桃源村。姓江，名韜，字六奇。又名舫，字鷗盟。據《新安東關濟陽江氏宗譜》，係二十九世孫。

二十一歲　崇禎三年　己巳　1630年

少年及青年時代，曾從汪無涯讀書。因祖父及父在杭州經商，隨父祖入杭州籍。青少年時代在杭州入學為諸生。

二十五歲　崇禎七年　甲戌　1634年

秋日，為靈運詞壇畫扇。已返回故里。

三十歲　崇禎十二年　己卯　1639年

與白榆社四人合作，作〈岡陵圖〉，為社兄李聲白四十壽辰祝賀。

三十六歲　清順治二年　乙酉　1645年

清軍攻克南京後，參加金聲義軍抗清。兵敗城破後，偕師汪無涯入閩，與好友程守哭別相公潭上。

三十七歲　順治三年　丙戌　1646年

八月，南明抗清隆武帝在汀州被俘，後被殺。無奈遁入武夷山，抗清避禍。約一年不識鹽味。

三十八歲　順治四年　丁亥　1647年

在武夷山，皈依古航禪師，削髮為僧。法名弘仁，字無智，號漸江。

四十二歲　順治八年　辛卯　1651年

　作〈峭壁孤松圖〉軸、〈為庭囊畫山水圖〉軸等，在本年前，似已返回歙縣。

　四十三歲　順治九年　壬辰　1652 年
　出遊宣城、當塗等地。去南京、揚州等地，亦可能在本年。有畫跡傳世。

　四十六歲　順治十二年　乙未　1655 年
　五月，在蕪湖。畫〈仿王孟端山水扇〉。

　四十七歲　順治十三年　丙申　1656 年
　本年，有大量畫作傳世。名作有〈雨餘柳色圖軸〉、〈春暮林泉圖軸〉、〈松溪石壁圖軸〉、〈山水三段圖卷〉、〈仿倪瓚山水圖軸〉等。作畫主要地點，有五明寺澄觀軒、豐溪等。本年曾入黃山。

　四十八歲　順治十四年　丁酉　1657 年
　春日，於桃源草堂作梅圖；夏日，住金陵香水庵，在金陵作〈十竹齋圖軸〉，曹寅題詩並作跋語。

　四十九歲　順治十五年　戊戌　1658 年
　春日在金陵，臘月至宣城。畫作主要有在金陵所作〈梅花亭圖軸〉；在宣城沚阜所作〈山水梅花冊〉等。

　五十歲　順治十六年　己亥　1659 年
　元旦日，在宣城灣沚；三月，宿歙縣西園；九月，掛單黃山雲谷寺；歲末，住豐溪仁義禪院。主要繪畫作品有〈梅花書屋圖軸〉、〈西園坐雨圖軸〉、〈清犬洗硯圖卷〉等。

　五十一歲　順治十七年　庚子　1660 年
　春日在歙縣豐溪，仲秋返回五明寺，冬初掛單休寧建初寺，嚴冬又返回五明寺。本年著名畫作有作於介石書屋之〈豐溪山水

冊）；作於澄觀軒之〈松木竹石圖軸〉、〈陶庵圖軸〉等。本年曾入黃山。

五十二歲　順治十八年　辛丑　1661 年

曾於夏月遊廣陵，返程經杭州。其餘時間多在歙縣西溪蕭寺、仁義禪院、桃源山房等處。本年所繪傳世畫作甚多，主要有〈黃山圖軸〉、〈豐溪山水圖卷〉、〈江山無盡圖卷〉、〈曉江風便圖卷〉等。

五十三歲　順治十九年　壬寅　1662 年

本年作於歙縣各地畫跡，主要有三月所作〈宋人畫意圖冊〉、秋日所作〈桐阜圖卷〉、冬月所作〈介石書堂冊〉、冬仲所作〈秋山詩意軸〉等。冬日，作廬山之遊準備。至鄱陽（波陽），住呂應肪宅。

五十四歲　康熙二年　癸卯　1663 年

冬春之際，住鄱陽呂宅作〈始信峰圖軸〉、〈山水圖卷〉、〈疏泉洗硯圖卷〉。春日，由王煒陪同，遊廬山，依雪庵上人。夏初下匡廬，於呂宅作〈秋柳孤棹圖軸〉。六月，返回豐溪。夏日，與諸友遊石淙，作〈石淙舟集圖〉。後歸五明寺。下半年有零星畫作，但病漸沉重，臘月二十二日歿於寺中。

次年二月六日，葬於披雲峰下，墓今存。

附錄：王泰徵《漸江和尚傳》

漸江和尚者，歙人也。俗姓江，名韜，字六奇。少孤貧，以巨孝發聲，類其家次翁；賣薪養母類文通；其割氈耽學則休映；而文章氣節，又君家之古心、古崖間也。幼有遠志，不入隊行，人莫得而器焉。嘗掌錄而舌學，以鉛槧膳母。一日，負米行三十里，不逮期，欲赴練江死。母大殯後，仁者之粟，誼友之賻，師卒瘏償之。曰：不以我凱風含泉累人也。生平不婚不宦。

烏聊既定之明年，師有友程之守者，師所訂石交也。一日，攜其小史十卷作幔亭遊。既至，則喟然興嘆。控鶴仙人安在哉！〈武夷君傳〉：秦皇帝政之二年，君置酒會鄉人於此峰上，安陵拍鼓，英妃奏琴，令歌師唱人間可哀之曲矣。今我在蟺蛄窟中，雲茵霞褥，念世亦有類昔人呼我為大父者乎？思之淒斷，從此在碧水丹山間最久。因歸古航師圓頂焉。其於畫則兒時好之，凡晉、唐、宋、元、真跡所歸，師必謀一見也。且云：「董北苑以江南真山水為稿本，黃子久隱虞山而寫虞山，郭河陽至取真雲驚湧以作山勢，固知大塊自有真本在，書法家之釵腳漏痕，不信然乎？」

師故獨得畫禪三昧。其見人欻然而晤，則樂之；其不浹己者，加富二等，就官一列，不以塗吾身也。生平畏見日邊人，多有好我，顣額遠遁，如王九光母見劉徹三屍狡亂，懼以濁穢混上真矣。嘗過樗園，余傾之甚，向黃公酒壚與師訂交，師則速去；俄而不招即又來。

余笑曰：漸公畏除目中人，所謂「三朝損道心」？抑識蔡家兒濯骨沃焦，三十年前已從狗竇過乎？雖然，師則竟契我於驪黃

外也。一日謂非二程子，余明年有持缽行，子盍語樗老人為我題
一卷冊。夫猖狂汗漫之遊，非齧缺、被衣不能述也。蓋師已迸出
眼光識霍三退牙有此鈍置翁矣。師行即不果，不謂知己之言，吾
已刻於心乎！師從浮屠氏遊，故不禁宴會。

　　壬寅，過匡阜，弔宗、雷之遺事，感劉、竺之微言，覺遠公
聲影猶在，師乃始毅然著發願文也。脫非遷化，蓮社之燈其再續
乎？師未示疾時，嘗語人墓上種梅為絕勝事。歸臥竹根之日，尚
有清香萬斛，濯魂冰壺，何必返魂香也。他生異世，庶不蒸芝菌，
滴醴泉，以媚人諂口，其賴此君哉！疾止晷刻，欲以所蓄墨妙分
給同人，尚喃喃佛號不絕。友人卜地於披雲峰下，取謫仙訪許宣
平處，蒔梅花數十本以大招之，從師治命也。

　　師平生畫宗倪黃，書宗顏，詩在惠詮、清順之間。身後檢得
詩偈一集，皆絕句也。其以詩畫稱歲寒交者，為姜如農、張來初、
吳石庵諸君子；其於武夷倡和成集者，為張蚩蚩、周元修、王尊
素諸君子；其以文章聲氣為梓里遊者，為湯巖夫、許芳城、程非
二諸君子；尤以墨妙世其學，得師心印者，則有侄允凝，名注。

　　論曰：《南華》，世外之書也。而讀〈人間世〉一卷，仲尼之
語子高，義命兩大戒，父君兩大事，娓娓煩言累牘，乃知臣忠子
孝，即是世外至人。甚矣，漆園之微於托也。今漸江之事，世都
謂摩詰後畫家北宗壹派屬之，甚而引古尊宿六十餘家見於《王氏
畫苑》者，以為唐之僑然、禪月，宋之寂音、妙喜，元之海雲、
玉潤，庶幾相倫。噫！是皆以畫論師，以古德論畫，非師旨也。
夫師少而養母，壯而羈遊，鼎鼎百年之間，與海內名人巨自交，
無不器重師者。乃不婚不宦，齎誌以歿，可謂茫然無一寄托，止
以翰墨行乎？今但匯師一生微響述之，余故不能深知師，後之君

子，感時論世，愾乎常懷米家之書畫船耶？皇甫士安之《高士傳》耶？謂師皆分身入流焉，而師皆不在焉可。

甲辰春孟陬

社弟王泰徵書於友林之鸚枋

髡　殘：以禪入畫，畫中有禪

　　劉髡殘（1612—1673），字介丘，湖廣武陵（今湖南常德市）人。自幼酷愛書畫佛學，27 歲削髮為僧，清初以畫名世。僧名智果，號石溪、白先等。山水畫渾厚凝重，草木花滋，氣韻生動，屬於金陵畫派領袖人物。

第一章　武陵蹤影

> 石溪和尚，名髡殘，一字介丘，少自剪髮。
>
> ——《武陵縣誌》

髡殘《谷口白雲圖》　　　　髡殘《水墨山水圖》

桃花源的子孫

一個奇人的出現，總是與地域有關，所謂「地靈人傑」。髡殘也是這樣，他出生在武陵，正是陶淵明〈桃花源記〉裡說的那個武陵。關於他的家鄉，髡殘如此說：

武陵溪溯源至桃花源，兩岸多絕壁斷崖，酈道元所謂「漁詠幽谷，浮響若鐘。武陵桃花源間，自道元注破，遂復絕無隱者。夫名譽所處，有道者避之，故吾鄉先世則有善卷先生隱於德山，亦名枉人山焉」[1]。

在髡殘的心目中，家鄉是個山水佳處，同時，歷來也是避亂的佳處。遠古的善卷是這樣，避秦的楚人也是這樣。這是髡殘生於亂世，日後選擇潛心佛學，潛心藝術的重要緣由。

髡殘最終成為畫僧有地理因素，但決定性的因素還是由於他生活的那個時代。他出生的具體時間是萬曆四十年（1612）[2]，他的少年時代國家內憂外患不斷，山欲雨來風滿樓，正式即將天下大亂的窒息的時代。他如果生活在洪武年代或者永樂年代，他未必要去當和尚，問題是他生活在晚明時代。晚明時代，國家腐敗已到了不可救藥的程度。這樣的時代使得一部分讀書人痛感人力不可回天。皈依宗教，自求解脫。髡殘正是這樣，繼承了桃花源中人的歷史傳說，早年從佛，而奇異的武陵山水又在他的胸中播下了藝術的種子，後半生走向了從藝之路。

---

[1]　髡殘《物外田園書畫冊》跋語。畫冊藏北京故宮博物院。
[2]　據同時代人周亮工、錢湉之二人詩文，髡殘生於萬曆四十年浴佛日，即四月八日。

少年佛緣

髡殘的出生有一種傳奇的說法，如此說：

> 武陵劉氏子，母夢僧入室而生師。稍長，自知前世是僧，
> 出就外傳，竊喜讀佛書[3]。

這種迷信的說法，現在絕大多數人是不會相信的，但是 400
年前文盲眾多，相信的人會很多。人生的種種遭遇，會用上天註
定的天命來解釋。髡殘早年成為和尚，說他早有夙根，不是人力
所能改變的。劉府的長輩內心自然是不會支持後代當和尚的，但
是，夢中曾有僧人入室的傳說，為無奈只好承認既成的事實找到
了合理的藉口。其實，髡殘幼年信佛，是受了一位失意的退職官
員的影響。這個人叫龍人研，字孝若，號石蒲、半庵。龍先生看
清了世事滄桑，天下已不可為，退職還鄉建寺於德山，超度眾生。
他的觀念影響了年幼的髡殘，使得對於世界的了解還很茫然的髡
殘走上了從佛之路。

髡殘從佛，態度是很執著的。他有相當的文化基礎，別人應
考，但是他謝絕。不走科舉之路；到了青春萌動年紀，別人有男
女之私，他卻推辭了種種好心人的說項，決意不娶，論者概括地
說他「不婚不宦」。他進入空門的時間有兩種說法，一說 20 歲，
一說 27 歲，27 歲之說比較具體，也比較可信。說法是，髡殘決
意為僧，與父親爭論，最後「自剃其頭，血流被面」。父親便無
可奈何。更具體的說法是，龍先生介紹髡殘去江南各地佛寺「參
學」，遇到一位老和尚。老和尚懸雲樓大師畫像供奉，應髡殘之
請，老和尚在雲樓大師畫像前為髡殘剃度，取法名為智果。雲樓

3　見錢澄之〈髡殘石溪小傳〉。

大師，即杭州雲棲寺住持僧蓮池，明代隆慶年代明僧，由儒生進入佛門，著有佛學著作多部。當年的和尚相當一部分是文盲，但也有一部分是才子，是學問家。知道雲棲的經歷與聲望，對於髡殘來說，能在雲棲面前剃度，實在是最合適不過。

　　當然，早年的髡殘鐘情繪畫。可惜的是，今日尚未見傳世作品。

本名・僧名・畫名

　　髡殘日後於畫幅中署名種種。避免讀者誤讀，便於檢索，開列於後：

　　髡　殘　　本名，姓劉。

　　介　丘　　俗家名。

　　智　果　　僧名。

　　大　杲　　僧號。

　　石　溪　　僧號。

　　白　禿　　自取僧號，與「髡」有關。

　　天　壤　　自號。「天」常用古寫「兲」字。

　　石道人　　自名。石溪之「石」。

　　殘道人　　自名。與「殘」有關。

　　殘道者　　自名。與「殘」有關。

　　忍辱者　　自名。時在明亡後。

　　忍辱仙人　　自名。時在明亡後。

　　電住道人　　自名。

　　庵住道人　　自名。

　　庵住行人　　自名。

　　承平時代如今日，人們習慣用本名，「坐不改名，行不改姓」。藝術家也往往如此。用名不亂，信息準確，讓更多的人了解自己，人同此心。亂世不同，亂世「不求聞達於諸侯」，往往隱姓埋名，不願讓更多的人知道自己。髡殘署名多變化，也多少反映了明末清初知識界人士的心理狀態。

甲申烙印

　　髡殘為僧，不是在家鄉。但是，在明亡的甲申年（1644），清兵進入山海關，占領北京，各地宗室紛紛起事，義軍蜂起，同時也盜匪橫行，長江下遊一帶極不安寧。寺廟與僧眾的安全不能保證。髡殘無奈，從外地返回家鄉桃源避禍。當年張獻忠的大西軍活動在江西一帶，加之兵匪結合，劫掠成風，桃花源不再是世外桃源。髡殘的摯友據他的敘述，這樣的記錄他在甲申年的遭遇：

> 甲申間避兵桃源深處，歷數山川奇辟，樹木古怪與夫異禽珍獸，魅聲鬼影，不可名狀；寢處流離，或在溪澗枕石漱水，或在巒巇猿臥蛇委，或以血代飲，或以溺暖足，或藉草豕欄，或避雨虎穴，受諸苦惱凡三月[4]。

　　避亂時期的艱難情狀，描寫得十分具體。「以血代飲，以溺暖足」。把饑寒交迫的情狀寫得活靈活現，非未親歷者所能想象。就記載看，有「暖足」情節，避亂的三個月是在甲申年的冬日，這三個月的苦難生活源於清人的入侵，源於明政權的腐敗無能，源於戰爭時期往往惡人當道，生靈塗炭。這幾個月的苦難生活給

4　見鄭正揆〈石溪小傳〉。

髡殘很大刺激，到了晚年，仍然不能忘記。

　　髡殘日後常住金陵，42 歲時，因家鄉為水患所苦，饑民流離失所，與僧人薜庵（熊開元）商議，募化為家鄉建造大墓，收葬慘死災民骸骨，這一年可能返回過武陵。57 歲時值康熙七年（1668），據他的友人送別詩中記載，他曾返鄉為父母重新安葬。舊葬係淺葬，為水所浸：「師有二親喪，藁葬於淺土。未免蟲水患，聞之淚如雨。今秋歸故園，非宅遷林塢」[5]。以後便長住金陵，再無回鄉記敘了。

5　見方爾止《盍山續集》卷一，〈送石溪師還武陵兼寄劉山曜先生〉。

第二章　修藏報恩寺

復有一少者，沉毅尤非常。

不肯道姓名，世莫知行藏。

——顧炎武〈恭謁孝陵後同楚二沙門〉

髡殘《蒼翠凌天》　髡殘《山水冊》　髡殘《禪機話趣》

走進報恩寺

　　甲申避兵到 43 歲再至金陵，進入報恩寺，中間約 10 年時間。髡殘的歷史是一段空白。關於這一段歷史，「世莫知行藏」，髡殘始終不肯向別人透露。這十年裡，湖廣地帶清軍與抗清的種種力量反覆較量，戰事不斷，若干地區反覆易手，村舍為墟。具有反清意識的方外人或明或暗地支持義軍的事件屢見不鮮。若干論者據髡殘思想傾向分析，說這一階段髡殘不會在血與火的環境中袖手旁觀，認為極有可能為終究歸於失敗的抗清力量在做貢獻，後來因為大局已定，為生存計，才「世莫知行藏」。但是，這只是合理的推測，髡殘一生，一直守口如瓶。

　　髡殘至金陵，獲得一位禪門高僧的賞識，這位高僧便是覺浪。老和尚是禪門曹洞宗傳人，曾坐道場說法四十年，佛學著述甚多，遠近知名。覺浪有鮮明的遺民意識，和官府保持距離；還因為著述中有「明太祖」字樣，受到過囚禁的處罰。覺浪認為髡殘在佛學研究方面有「慧解」，「慧解」處他人不可企及，便推薦他進入報恩寺的修藏社。

　　報恩寺一名大報恩寺，屬於當年金陵首剎。大報恩寺的地址在聚寶門（今中華門）外古長干里，原為六朝時代的長干寺與宋元時代的天禧寺。明朱棣繼位後，以皇家寺廟規格進行擴建，名為報明太祖朱元璋與馬皇後之恩，事實上是為報在宮廷慘死的生母碩妃之恩，主要建築大雄寶殿俗稱「碩妃殿」。大報恩寺寺區周圍達九里十三步，殿宇壯麗，供養僧人 500 餘人，明代每年由禮部按時祭祀。這一建築群的興建先後達 16 年，被譽為「東南佛國」。清初此寺香火之盛自然不比明初，但規模仍舊，僧眾依然。大報恩寺還有一處華美的建築即琉璃寶塔，高達 33 丈，9

層 8 面。此塔建造費時 19 年，工程浩大，部件精美，共耗錢糧折白銀 248 萬 5 千兩。塔藏寶物眾多，僅塔頂「金球」外鍍黃金達一寸多厚，塔中「長明燈」每日耗油 64 斤之多。這座寶塔被外國傳教士譽為與羅馬大劇場、比薩斜塔媲美之世界精美建築物。遺憾的是，太平天國時期，大報恩寺及琉璃塔均被毀。

髡殘進入大報恩寺，說明他在佛典研究方面具有相當造詣，同時，他在僧眾中具有聲望，獲得支持。

修藏生活

修藏社屬於佛學研究機構。按照明代大報恩寺的傳統，這座寺廟既是宗教勝地，也是佛學研究基地。中國佛教有十大宗派，當年其中的每一宗派在寺內均設有講壇，可供青年僧人有選擇地進行學習。大報恩寺的僧人素質總體上高於其他寺院僧人，500 人中有 148 房均為擅長佛學，能夠傳經布道的高僧。朱棣曾命寺院負責雕版印刷五千卷以上大部頭佛經，建有藏經殿，藏經前殿，貯藏廊貯存這些佛經，號稱「南藏」，與史稱「北藏」的北京敕版《大藏經》相區別。藏經內容包括經、律、論三個部分。達數千卷，卷帙浩大。「修藏」的工作，不外校勘考訂之類，需要有廣博的知識和思考辨析的能力。當時修藏社的主持人是松影和尚，與髡殘相伴的廬山僧則為道韶雪藏。當松影外出時，修藏社的工作便由髡殘代理主持。可以想見，髡殘的佛學修養、文字能力與人品，在僧眾中是出類拔萃的。

髡殘的修藏生活，從 43 歲開始到 47 歲，大約 5 年時間。到了 47 歲這一年，髡殘又一次見到覺浪，便正式拜覺浪為師，改

僧名為大杲。同時，遵覺浪之命，赴金陵城南牛頭山祖堂主持幽
棲寺。次年，覺浪禪師圓寂，生前認為髡殘是合適的傳人，遺命
由髡殘主持曹洞宗壽昌系，並將法物竹如意與法偈傳於髡殘。但
是生性閑靜的髡殘無意於在法門獲得權力，無意於承擔重任，他
把傳承的法物包裹起來，交給同門的笑峰大然僧人，笑峰當時為
江西清原的廟宇主持。佛門也有人際關係，也有權力之爭，覺浪
歿後，人際關係的種種矛盾由髡殘所鄙薄，他不僅超越地辭去了
禪宗門派掌門人的重任，而且還辭去了寺廟主持僧職，前往黃山，
他把他的後半生交給了藝術。

　　報恩寺是南都佛國，同時也是藝術之宮。寺廟收藏的藝術品
激發了髡殘從藝的激情。報恩寺修藏生涯中，髡殘熟讀了若干佛
教經典，若干佛偈融會於心，所以日後的繪畫作品中引用了大量
禪偈，讓筆下形成的畫境與禪境融於一體。

　　10 年後，髡殘畫過一幅〈報恩寺圖〉。此圖現藏日本泉屋博
古館。值得注意的是圖上有長跋，非常精彩。他說，包括「菩薩、
聖帝、明王、老莊、孔子」在內的生命現象都不應當是「閑漢」，
要治家、治國、治叢林。他崇尚《易》中所說的「天行健，君子
以自強不息」的觀念。他的人生態度是積極的，不是一種無為的
僧人。這是他在叢林中見到的種種矛盾發出的感慨吧，這也是他
晚年踏遍青山、勤於作畫的動因吧。

名流往來

　　清兵入關之初是順治年間，大批前朝的遺民頻繁地來往金
陵，參拜金陵。亡國之民參拜前朝開國君主的陵墓，寄托心中的
隱痛。遺民往來，往往能在僧眾中覓得共識，心照不宣，寄寓佛

寺。他們也未必敢於在密室中痛罵新朝，但在荒齋夜話中，多少能發生情緒上的共鳴，獲得一點精神方面的慰藉。順治十一年（1654）除夕，一位鬚眉皆白的老人找到髡殘，二人共在僧室研討佛理之後，共聽聚寶門外的鞭炮之聲，在寒風中共度除夕之夜，迎接乙未新年的到來。這個人就是錢謙益。錢是明末清初的文化班頭，在兩朝都做過高官，著作等身，但是在降清反清之間，態度反覆，在南京坐過清人的牢獄，常熟家中又被大火。錢氏晚年看破紅塵，周遊各地，潛心佛學。順治十二年（1655）他已 74 歲，他與修藏的髡殘為友，他有記錄他們二人共同守歲的詩句：

> 明燈度歲守招提，去歲宮雲入夢低。
> 怖鴿有枝依佛影，驚烏無樹傍禪棲。
> 塔光雪色恒河象，天醒霜空午夜雞。
> 頭白黃門熏寶極，香爐曾捧玉皇西[6]。

　　還有位清初學者和髡殘有交往，這位學者便是昆山的顧炎武。顧炎武幼髡殘兩歲，在晚明時代業已名播遠近。國變之年，他的養母是忠於明室絕粒而死的，遺命後嗣不得在清朝作官。炎武既孝且忠，恪守母訓，數度支持南明抗清力量。但是，昆山地方忠奸並存，某仇家為謀奪顧氏家產，密告官府顧家反對朝廷情節，欲置顧炎武於死地。這樣，顧炎武為避禍，不得不流亡各地，順治十二年，再一次來到金陵，再一次拜謁孝陵。人以類聚，又一次謁陵後，顧炎武常與有抗清意識的遺民往來，其中有髡殘。介紹顧炎武與髡殘相識的，是金陵詩人、晚明舉人、入清後隱居

6　《牧齋有學集註》卷六載，〈長干偕介邱道人守歲〉。

不出的王潢[7]。謁陵既畢，王潢招待遠客在城西柵拱橋附近舟中，作詩酒之歡，座中有兩位和尚。顧炎武寫過一首古風，記錄了這一次舟行酒會的情形[8]，他說，「客有五六人，鼓枻歌論浪。盤中設瓜果，幾案羅酒漿」。他又說，座中人「為我操南音，未言神已傷」。顯然皆係前朝遺民，懷亡國之痛，慷慨激昂者痛述家世，情不能己。但是有一個例外，便是髡殘。髡殘守口如瓶，不肯吐露半點個人信息，別人只知道他是一個湘西和尚，精通佛學，且精於繪事而已。再說，「往事已遙無可悔，此身猶在已忘言」。正是禪家要旨。靜默不言，正是禪家風範。

　　但是，髡殘並不是始終不言，到關鍵時，他還是要講話的。金陵城西柵拱橋舟中之會，座中有一老僧，曾經是隆武朝的大學士熊開元，此時已落髮為僧多年，住蘇州靈岩寺，僧名薛庵。顧炎武在詩中說他「曾折帝廷檻，幾死丹陛旁」。對他的一生經歷了解甚多。薛庵是湖廣人，髡殘同鄉，三年前他曾與髡殘結伴返鄉，建造大墓，收拾戰亂中亡人骸骨，超度眾生。薛庵是陪顧炎武同謁孝陵的，據清人筆記，髡殘問他：你謁孝陵，拜了沒有？薛庵說：「沙門原不拜侯王」。這是佛門規矩，只能長揖，並不下拜。髡殘大怒，把這位曾經是明廷重臣的老和尚痛罵了一頓。次日薛庵認錯，髡殘說，你還是去孝陵向太祖皇帝磕頭認錯去吧！髡殘其人，不怒則已，一怒驚人。

<hr>

[7]　王潢，字元偉，崇禎丙子舉人，事蹟見孫靜庵《明遺民錄》。
[8]　〈恭謁孝陵後同楚二沙門〉詩，見於顧炎武《亭林詩集》。

第三章　芒鞋踏破黃山路

兩只青草鞋，幾間黃茅屋。

笑看樹重重，行到峰六六。

——髡殘〈聳峻矗天圖軸〉跋

髡殘《山水冊》之八　髡殘《雲山烟樹》　髡殘《水閣山亭圖》

看山悟禪，境界大開

　　髡殘 48 歲時，逢己亥之年。己亥之年是他一生兩種人生貢獻方式的分水嶺。以前的髡殘大體上可以說是一名學問僧，他學問成就的標誌是他能夠勝任報恩寺的修藏大業。但是，歷史進入己亥年，48 歲的年紀按儒家的說法，即將進入「知天命」之年，佛家則說是進入「坐來諸景了，心事托天機」之年了。這一年，覺浪禪師圓寂，髡殘毅然選擇了又一種活法，拋棄禪門傳人的權力地位與榮譽地位，甚至辭去了一處寺廟的主持僧職，雲遊黃山，悟禪作畫，自由自在，四大皆空。從傳世畫跡可知，他 48 歲的己亥年，他在芙蓉峰側借榻古寺，曾經作畫；到了 49 歲的庚子年，說是「我來黃岳已年餘」住在山中法海庵內；仲秋八月，他說是「山行百餘里，冥搜全無竟。」他在觀賞山川，構思畫稿。山中上下全憑兩隻腳，他爬山時靠的是「兩只青草鞋」，住的是「幾間黃茅屋」，生活清苦，攀援勞頓，但看山看樹，胸中豁然。庚子這一年他住在黃山的時間最長，畫幅能傳至今日的也最多。夏秋有畫，冬日也有畫。到了 50 歲的辛丑之年，從畫跡可知，他又曾有「黃峰千仞十日宿，煙霧如幄障茅屋」的山中逸趣，他又曾有黃山之行，我們今日盡管還不能為畫僧列出黃山之旅的日程表，但可以肯定地說，髡殘癡迷黃山，多次去過黃山，多次長住黃山。

　　黃山之行，髡殘說到「境界」，他說：

> 余歸天都，寫溪河之勝，林木茂翳，總非前輩所作之境界也耶！[9]

9　髡殘〈天都溪河圖軸〉跋。

　　髡殘所述的境界，一方面是畫境，又一方面是禪境。他和漸江一樣，入黃山後而畫風大變，不同的是，漸江得黃山之骨，而髡殘則是以禪悟山，所以他們兩個人的畫風有明顯的區別。髡殘在黃山登上某峰峰巔，看到「寺隱孤峰側，松敧二嶺巔」時，心胸開朗，舉手投足，一不小心，腳上的一隻鞋子掉進了萬丈深淵。這件事普通人回驚惱不已，髡殘卻笑道：「墜屐深有意，一笑是何年」。他認為任何偶然事件都有因果，均能解悟，處之泰然。又一次入山，見樵夫砍柴，自得其樂，他便寫下如下一段感悟：

> 夫樵者能入荊棘，能入葛藤，能入蛇龍之穴，虎兒之巢，撒手懸崖，縱橫鳥道，不識富貴榮辱之境，不識生死性命之大。天壽夭夭，其如晝夜。故其歷險若夷，嘗苦若薺，陶陶然但見其樂，未見其憂。夫人為世間生老病死、富貴榮辱所累，則思而為佛為仙，不知仙佛者，即世間人而能解脫者也！[10]

　　髡殘見樵夫而悟「解脫」之道。說破了佛即是人，人即是佛。能解脫的人便是佛，不能解脫的人便是凡人，真是把人間萬事萬物全給說透了。他進入黃山，黃山讓他進一步領悟了解脫之道，宗教界的種種矛盾需要解脫，社會生活中的種種矛盾需要解脫，他說：「我亦乾坤放逸僧，探奇名山興未已。」名山探奇讓他進入自求解脫的新境界。因為解脫，他多次入山，見山山有意，見水水有情。他見到山中之雲，他說「吐雲迷下界，幻梅結神丘」。雲是有生命的；他見到造型奇異之山，他說「石能化羊亦作豕，丹山一空色皆蒙」。石頭變成了生物；他見到了山嵐，說是「時

10　髡殘壬寅六月為樵居士做《物外田園書畫冊》六頁。此跋見於第二頁。

看翠色浮青嶂，應是吾殘舍利光」。山嵐變成了畫佛的佛光；山
中有水，水中有月影，他說：「綠水波中明月香，青山影裡寒泉
綠。」悟禪的人五官的感覺與凡人不同，他聞到了月影的香氣，
他要駕一葉扁舟，與山中寒泉，與水中明月融為一體，獲得人生
的大解脫。

四年塗抹這張紙

　　走遍黃山，髡殘之畫，自謂得力於禪。他說：

> 殘僧本不知畫，偶然坐禪後悟得六法，隨筆所止，未知妥
> 當也，見者棒喝。[11]

　　畫僧強調禪的作用，未免絕對化了。禪境與畫境畢竟是兩個
範疇，知禪者未必能知畫，只有知畫的人亦能知禪，畫境才能進
入新的境界。進入黃山後，髡殘在又一處十分強調生活對於繪畫
的作用，倒是非常有道理的，他說：

> 我尚慚愧這只腳，不曾閱歷天下名山；又嘗慚愧此兩眼鈍
> 置，不能讀萬卷書，閱遍世間廣大境界；又慚愧這兩
> 年未嘗親受智人教誨。[12]

　　進入黃山，悟出讀萬卷書、行萬里路，才能使畫境大開，這
才是髡殘畫藝大進最重要的緣由。51 歲那一年，他說：

> 傳世出世我不能，在山畫山聊爾爾。蔬齋破衲非用錢，四

11　《石溪上人山水冊》中〈山水圖〉10 頁跋，日本博文堂影印本。
12　同 10，此跋見於第六頁。

年塗抹這張紙。一筆兩筆看不得，千筆萬筆方如此。[13]

　　他說的大量作畫的四年即順治十六年（1659）至康熙元年（1662），這四年從髡殘 48 歲到 51 歲，這四年中他踏遍黃山，佳作不斷。髡殘作畫，歷來署年，不署清朝在位皇帝的年號，這四年只署乙亥、庚子、辛丑、壬寅，這也是節操的標誌。這四年中作畫，黃山觸發了他的靈感，確有「千筆萬筆」。

　　這四年涉及黃山畫作，就有限拜讀所知，列表如下，以見黃山對於畫僧畫藝之精進的作用：

年　份	作 品 名 稱	作畫時間	收　藏　者
順治十六年乙亥	寒江罷釣圖軸		臺北某人處
順治十七年庚子	雲房鶴舞圖軸	八月一日	日本京都博物館
	黃山道中圖軸	八月	日版《中國名畫集》
	天都溪流圖軸	八月五日	香港某人處
	秋晴看山圖軸	仲夏	待查
	地回羣山圖軸	秋仲	香港某人處
	青山截嶂圖軸	秋仲	待查
	蒼翠凌天圖軸	深秋	南京博物院
	黃山圖軸	冬	南京文管會
	岽嶂凌霄圖軸	仲冬	臺北某人處
	書畫合璧圖軸	冬仲	《虛齋名畫錄》
	谷口白雲圖軸	歲暮	無錫市博物館
順治十八年辛丑	碧潭青嶂圖軸	四月朔日	《十萬齋書畫錄》
	巨石排空圖軸	七月二十二日	《十萬齋書畫錄》
	山水軸	八月一日	《夢園書畫錄》
	山水圖冊	孟夏	日本《石溪上人山水冊》
	天都峰圖軸	八月	北京故宮博物院

13　髡殘〈在山畫山圖軸〉跋語。

	山水圖軸	八月	《三秋閣書畫錄》
	黃峰千仞圖軸	九月	廣東省博物館
康熙元年壬寅	在山看山圖軸	小春	《寶迂閣書畫錄》
	群峰出奇圖軸	三月	日本京都相國寺
	物外田園書畫冊	六月	北京故宮博物院
	山水圖軸	中秋前	《書畫鑒影》
	空山幽僻圖軸	九月廿日	《夢園書錄》
	山水圖軸	秋杪	《大風堂書畫錄》

黃山四畫

谷口白雲圖

此為髡殘在黃山所作。畫僧住幽棲寺，有一位「山子居士」寄紙入山索畫，畫僧興起，畫畢作長題，認為畫面以白雲遮谷口，最能體現佛在我心之深意。跋語中有這樣一節：

> 蓋人倫以不得君父為則無所立身，出世以不得心性則無所立命，生生死死，無所逃於天地之間。知得一心不亂，則知魂兮歸來。

他從佛旨入手，談人之立身，回於淨土之旨。認為雲封谷口，乃淨土之象，用以贈人，以禪入畫。這幅畫有簡淡飄渺趣味，正所謂「嵐飛雲氣淡無痕」。

蒼翠淩天圖

這幅畫作於 49 歲精力飽滿之年。從黃山歸來，是一幅具有標志意義的作品，屬於代表作。髡殘所繪之山與漸江所繪之山不同，是湘西之山、金陵之山與黃山之山的結合體，是江南諸山的綜合概括。這幅畫蒼茫沉靜，精氣動人，有高古氣象。整個畫幅

盡管山體密布，但有雲水相間，具空靈之妙。髡殘曾經說過，他入黃山，得「山靈真氣象」，又說，「我今畫得此山靈，卻藏庵側澗壑底」。這幅畫的妙處就在於得山水之靈，如人體之筋絡貫通，充盈勃發生機。圖中題有長詩，最值得注意的是最後四句：「樹古藤偏墜，秋深雨漸稀。坐來諸境了，心事托天機」。也是以禪入畫的範例。

山高水長圖

跋語說清楚了，畫的是天都峰：「常見天都山裡，處處峰插青天，泉掛虹霓，故有斯作。」漸江、梅清、石濤都畫過天都峰，但髡殘所繪，和他們筆下的形象有很大的差別。山體雄奇渾厚，草木花滋，高聳天表，氣象宏大。畫面的生動處在於山風與溪雲之流動，展現山川秀美之姿。

文殊院圖

文殊院位於玉屏峰前，三面環山，清初多人有繪畫面世。只是諸人境遇不同、心態不同，取景角度不同，筆墨趣味不同，彼此創造的藝術形象差別很大。髡殘此幅用寫意手法，重巒疊嶂，氣勢蒼茫。值得注意的是跋語中的這幾句話：「余因學道，偶從筆墨為遊戲，原非以此博名，然亦不知不覺墮其中矣。不知禪者為門外漢，余復何辭」。他自稱是個禪者，而非畫家，但有自謙為「門外漢」。

第四章　大歇堂歲月

髡殘《幽栖圖》

髡殘《山水冊》之十　　髡殘《平远山水圖》　髡殘《江山垂钓圖》

結茅大歇堂

　　髡殘暮年十多年時間，是在南京牛頭山幽棲寺度過的。關於牛頭山，明人有這樣的記述：

> 金陵多佳山，牛首為最。山據城之南，初名牛頭，以雙峰對峙，若牛角然。

　　佛書所謂江表牛頭是也。晉王丞相導，嘗指曰：此天闕也，後又名天闕山云。

　　牛頭山中有幽棲寺，關於寺，明人如此記述：

> 山故有幽棲寺，今廢。成化間，山東僧道興至，堅坐不動。有財者樂為之施，寺由是復興[14]。

　　髡殘黃山歸來，棲居幽棲寺。他本來是這座寺廟的住持，即便辭去僧職也還是廟中一員，理應有他的一處僧室。可能是與其他僧眾有不睦處，在畫跋中可以找到一些蛛絲馬跡。髡殘性耿介，又不善於言語，於是在寺邊擇地建一草廬，名「大歇堂」，作修行繪畫之所。他的朋友形容這所茅屋為「破扉陋室」。好心人願意出資幫助他改善生存空間，把房子修得好一些，被他拒絕。他畫了一幅〈幽棲圖〉，屬於大歇堂的寫實作品，跋語裡說：

> 余自黃山來幽棲隨寓，道人出家的人，何所不可？殘衲過白雲嶺，愛其幽僻，結茅於茲，坐樹流泉，縱市塵之耳目，亦當至此清清，此幅石道人之寫照也[15]。

14　《天下名山遊記》載：都穆〈遊牛首山記〉
15　髡殘〈幽棲圖〉，上海博物館藏。

　　髡殘是一位極有佛性的人，社會地位看得很淡，名與利看得很淡，生死看得很淡，日常的衣食住行也十分簡淡。在大歇堂中，他靜靜地作畫，摒絕市塵俗氣，看堂外煙雲繚繞，聽鳥鳴猿啼之聲，便認為這是上古遺民難得的享受。飲食不周，山路難行，疾病纏綿，每日用飯，「粒入口者可數」，吸收的營養很少，他都不放在心上。同鄉人的傳記中，記他身材碩長，面孔白皙，頭白如雪。他在一幅畫的題跋中說：「即此山中淹歲月，山光雲影兩悠悠。」不怕寂寞。不怕貧窮，不怕艱苦，幾乎沒有什麼物質方面的要求，自得其樂，卻以精美藝術品的創造貢獻人間。

結緣青溪

　　髡殘住大歇堂，離城甚遠，道路崎嶇，俗客不來，但是一些志同道合的老朋友還是常來拜望。張怡，字瑤星，是晚明官員，入清後不仕，寄居棲霞寺，不入城市，人稱白雲先生，與髡殘知己。髡殘盼望他來，說是即便「兩人相對無言亦妙」。有位陳舒，是位進士，生性淡泊，畫與禪兩方面都很精通。他的園子在雨花臺旁，他對髡殘非常崇拜。雨花臺距離牛頭山不遠，二人經常聚首。當時周亮工的名氣很大，在金陵任南京糧道，文名大於官名。他精於鑒賞，對書畫頗有研究，後著有《讀畫錄》，非常仰慕髡殘。書畫為媒，二人頗多交往。只是，與髡殘交往諸人中，友誼最深、交往最密的要數程正揆。

　　程正揆長髡殘 8 歲，是位官員而兼畫家。或者說由於仕途不順，官場失意便以書畫自娛，成為金陵著名的山水畫家。程正揆，有時人稱程太史，因為他在晚明朝廷擔任過尚寶司卿，在弘光朝擔任過翰林院侍讀；有時人稱程侍郎，因為他在清廷新朝擔任過

工部侍郎。程正揆為人放浪不羈，朝廷不滿意他的文人習氣，終被罷黜，令其還鄉。因為他住在金陵青溪之側，便自號青溪，參禪禮佛，寄嘯山林，書畫自娛。一個禪，一個畫，使得程正揆與髡殘這兩位出身不同、經歷不同的人物結為知己。髡殘 55 歲那一年，青溪專程至牛頭山大歇堂看望他，據《石溪小傳》，當時髡殘正在坐關，不允許任何人打擾，但青溪破門而入，二人瞠目大笑，於是「共榻連宵，暢談不倦。」青溪在大歇堂一住便是多日，「留榻經旬」，談禪談畫。髡殘當時為青溪作山水畫 4 幅，並記錄青溪「枉駕山中」的前前後後。

　　髡殘住山，有時入城，便住程正揆家。程府情況，青溪如此描述：

> 程子住青溪之上，構屋三間，虛中坐客，旁置几桌，列殘書數種，隨手過目，以半間供西方聖人，側有曲巷，設榻為鼾睡地。前後廣數畝，種梧、竹、松、梅之屬，夏可避日，冬可避寒，又植黃葵紅葉數百莖以狀秋色[16]。

　　髡殘與青溪投緣，在禪與畫兩方面，觀念近似。彼此贈畫，有時又二人合作〈山水圖〉，人稱雙溪，即青溪與石溪，被龔賢推為當日金陵畫界逸品之最。其實，二溪的繪畫風格是不盡相同的，程正揆是董其昌的學生，特點是「筆情縱逸，風格蕭然。」大概可歸士大夫情趣一類。而髡殘之畫只是野僧之畫，放浪不羈，筆墨高古，禪趣濃郁。但是，不同畫風並不妨礙二人的相知相敬，他們曾不止一次合作過作畫。康熙三年（1664）十月，他們曾合作過一幅畫，髡殘畫上題云：

16　程正揆〈蠢伍禪師字卷〉題記。

> 青溪翁住石頭，余住牛頭之幽樓。多病，嘗出山就醫，翁
> 設容膝，俟余掛搭。戶庭遼寂，宴坐終日，不聞車馬聲。
> 或箕踞桐石間，鑒古人書畫，意有所及，夢亦同趣。

跋文後有詩，詩曰：

> 雲山疊疊水茫茫，放腳何曾問故鄉。
> 幾時賣來還自買，為因泉石在膏肓[17]。

十年兵火十年病

　　髡殘的「大歇堂」存在於幽棲寺，前後大約 10 年時間，即
主人 50 歲左右至 60 歲左右。老和尚深居簡出，不閱世事，但是
並不等於他對時局的變化漠不關心。這 10 年屬於康熙初年，戰
事不斷，四方還是很不安定。先是吳三桂剿滅永曆帝的抗清力量，
而且殺害了最後一個舉旗抗清的南明君主，接著臺灣方面反反覆
覆，戰事不斷。同時，川東義軍之戰，李來亨湖北茅麓山抗清之
戰，山西交城交山抗清之戰，處處烽火。接著，吳三桂等三藩與
朝廷的矛盾日益尖銳，火藥味漸濃。表面上髡殘已入禪境，自求
解脫，但是，華夏的風雲變幻，他始終未能釋然於胸。他在一幅
題畫詩中說：

> 十年兵火十年病，消盡平生種種心。
> 老去不能忘故物，雲山猶向畫中尋[18]。

---

[17]　青溪與石溪合作之〈雙溪怡照圖〉，載於《十百齋書畫錄》，引文及引詩見於
　　　圖上髡殘題。
[18]　此詩見於上海博物館藏髡殘《山水冊》，署年庚戌，即康熙九年，畫僧 59 歲
　　　時。

　　幽棲大歇堂，相當一段時間，髡殘畫作不輟。有幾處題跋中，他主張為人應勤奮，不應懈惰。當時幽棲寺殿宇不修，僧人無所作為，題跋中有不滿意處。他提倡《易》中所云「天行健，君子以自強不息」，說明他是一位積極的禪僧，而非消極無為之人，能做到的事，譬如畫藝的精進，他要努力去做。但是疾病折磨他，簡短的居住與營養不良加劇了他的病情。他經常坐關，經年累月閉目澄懷，苦行修煉，但是山川之靈與家國之痛又常常侵擾著他。他去過鎮江，畫過焦光的畫，他又去過一次黃山，在芙蓉峰下作畫，他去過雨花臺，找朋友說禪；他還於 57 歲時，返回過一次武陵，為戰亂與浪人收拾骸骨，超度亡靈，便道遊歷了江西與新安。到了 60 歲時，他還在大歇堂作過畫。

　　然而，災星終於降臨。60 歲這一年或以後，一把大火把大歇堂給燒了。老和尚苟全性命，但是經籍文物，累累畫作，還有若干朋友贈送的書畫珍品，被燒得乾乾淨淨。

沉骨燕子磯

　　髡殘多病，度過了耳順之年。祝融為災，失去了安居之地，堪稱致命一擊。沒有一兩年，髡殘即告別人生。髡殘之死，應當說，和這場大火有關。火的起因。源於本人不慎，源於仇人所害，源於盜匪猖獗，均無明確說法。宗禪的人，「有緣即住無緣去，一任清風送白雲」。不值得去深究。據當代研究者論證，髡殘歿於 62 歲（康熙十二年，癸丑，1673 年 8 月）。但目前尚有髡殘 63 歲時所作畫作傳世，進一步辨析尚待有更多的文物面世。髡殘悟禪，對於生死看得很淡。他曾說：「把名利看大了便忘卻生死，

把生死看大了便忘卻名利」[19]。「看大了」便是「看淡了」，他自己便是看淡生死之人。看淡生死的積極意義，是對於生死取樂觀態度，可以減少人生許多不必要的痛苦；但也有消極意義，消極意義便是聽其自然，不積極求醫問藥，延緩生命。這種生死觀促使髡殘過早地離開了人世，未能盡展其才，這也是使後人惋惜的事。

髡殘生命行將結束之時，曾請人為他作〈羅漢出山圖〉，圖中羅漢可能便是和尚自己，畫上，髡殘自題云：

> 剜盡心肝，博得此中一肯；留些面目，且圖在後商量。

很可惜的是，這幅作品並未傳世，關於和尚的面目，今人無法見到當時人的具體描繪。和尚臨死時，據〈石溪軼事〉云，「石溪後疾革語大眾，死後焚骨於燕子磯下。」又據錢澄之記，和尚死後十多年，有一位瞎眼和尚來燕子磯，雇請匠人在石壁上刻大字：「石溪禪師沉骨處」，以存永遠。遺憾的是，山體日久風化，刻石石壁沉於江中，已無跡可尋了。當年那位瞽僧，據考，係桐城方子安，髡殘再傳弟子。

髡殘曾經畫過一幅畫，畫雨洗山根，天地明淨，可作永久眠身之處。這便是和尚關於身後事的理想吧。詩云：

> 雨過山根白，淨如寒夜川。細細清霧中，群峰立我前。
> 石撐青翠色，高處侵扉煙。獨有清溪外，漁人得已先。
> 翳翳幽禽鳥，鑒鑒鄰落泉。巧樸不自陳，一色藏其巔。
> 欲托蒼松根，長此對雲眠[20]。

19　見於故宮博物院《為樵居士作物外田園書畫冊》第三頁跋語。
20　〈雨洗山根圖軸〉，北京故宮博物院藏。

第五章　髡殘藝術之評

石公慧業為超乘，三百年來無此燈。

入室山樵老黃鶴，同龕獨許巨然僧。

——程正揆畫跋

髡殘《雨洗山根圖》　　髡殘《山水冊》之十

張庚之評

張庚在《國朝畫徵錄》中云：「釋髡殘……工山水，奧境奇闢，緬貌幽深，引人入勝，筆墨高古，設色精湛，誠元人之勝概也」。就傳統繼承的源流看，他認為和尚多繼承元人筆法。具體地說，正如程青溪所云：「入室山樵老黃鶴」即接受王蒙的影響較深，這是評畫人中多數人的看法。當然，也可以看出他對黃公望的筆墨頗有研究。至於「緬貌幽深」四字，可以說是和尚畫的定評。他畫的山水渾厚凝重，草木花滋，又常使煙雲繚繞，氣韻動人。

張瑤星之評

張怡在髡殘所作〈仿半山水冊〉題云：「舉天下言詩，幾人發自靈性？舉天下之畫，幾人師諸天地？舉天下言禪，更幾人拋卻故紙？摸者自家鼻孔也。介大師個中龍象，直據祖席。然絕不作拈椎豎拂惡套。偶然遊戲濡吮，輒取第一。」他肯定了和尚繪畫的成功，一得之於禪，二得之於詩，禪意、詩情、畫意的統一，造就了和尚之畫源於古人，又不同於古人的超越境界。應當說，張氏評畫，非常有眼光。

龔賢之評

龔賢在為青溪所作《山水冊》裡說：「金陵畫家能品最多，而神品、逸品，亦各有數人。然逸品則首推二溪，曰石溪，曰青溪。石溪殘道人也，青溪程侍郎也。」清初金陵畫壇，藏龍臥虎，眼界如龔賢之高，尚推髡殘作品為逸品，且居首席，足見惺惺相惜。龔賢又說：「殘道人畫粗服亂頭，如王孟津書法。」粗服亂頭

是和尚畫的又一特點，晚年尤甚。粗服亂頭不是草率而是灑脫多變，為清代寫意畫的流行開其先河。

程正揆之評

程在《青溪遺稿》中說：「石公作畫如龍行空、虎踞巖，草木雷電，自先變動，光怪百出，奇哉！」程評可以說是「粗服亂頭」說的又是一種說法。程又說，和尚「每從筆墨作佛事，得無礙三昧，有扛鼎移山之力」龔賢這就是說，髡殘以禪入畫，業已達於化境。

黃賓虹之評

黃賓虹在《古畫微》中說，髡殘之畫「奧境奇辟，緬貌幽深，引人入勝，筆墨高古，設色精湛，誠為元人氣概」。他的說法是張庚說法的重複。

鄭昶之評

鄭昶在《中國美術史記》中云：「漸江開新安一派，石溪開金陵一派，石濤開揚州一派，畫禪宗法，傳播大江南北，成鼎足之勢，後人多奉為圭臬」。還有一種說法：「八大開西江」。這就是說，髡殘的畫風影響著當時金陵的若干畫人，推動著畫藝的創新，對後起者多丹青巨匠有著重大的啟示作用。這樣的見解至今為人認可。

髡殘生平简表

一歲　明萬曆四十年　壬子　1612 年

出生於湖廣之武陵（今湖南常德市），時為四月初八日。姓劉，名髡殘，字介丘。為僧後，名石溪，又自號白禿。又名智杲。作畫作跋時，因時因地取名，名稱多種。

十九歲　崇禎三年　庚午　1630 年

幼年時代，愛讀佛書，自云前世是僧。不入仕，不近女色。

二十歲　崇禎四年　辛未　1631 年

傳說，此年已削髮為僧。

二十七歲　崇禎十一年　戊寅　1638 年

遊江南參學，遇老僧，在雲棲大師像前禮拜，正式遁入空門，法名智杲。

三十三歲　清順治元年　甲申　1644 年

北京為清軍所占領崇禎自縊死。江南混亂，避兵武陵桃源，三個月內備嘗艱辛。

四十三歲　順治十一年　甲午　1654 年

至南京，遇覺浪禪師。覺浪介紹其至大報恩寺修藏社參與整理、訂正「南藏」大業。

四十四歲　順治十二年　乙未　1655 年

修藏社住持人因故去楚，代領住持刊校《大藏經》事務。本年，曾去蘇州靈巖寺與繼起禪師談禪。

四十五歲　順治十三年　丙申　1656 年

與顧炎武、熊開元、王潢共遊金陵城西棚洪橋附近。

四十六歲　順治十四年　丁酉　1657 年

　　本年，有若干畫作存世，如〈赤林訪友圖軸〉、〈奇峰幽境圖軸〉、〈訪大癡山水畫軸〉等。本年錢謙益至大報恩寺從事佛事活動，與髡殘同守歲。

　　四十七歲　順治十五年　戊戌　1658 年

　　至歙縣、宣城、黃山遊歷。於皋亭再見覺浪，拜在門下，法名改為大杲。

　　四十八歲　順治十六年　己亥　1659 年

　　作〈寒江罷釣圖〉。覺浪圓寂，謝絕曹洞宗壽昌系傳人衣鉢，讓位於笑峰大然。同時，又辭去牛頭幽棲僧職，進入黃山。

　　四十九歲　順治十七年　庚子　1660 年

　　八月返回金陵，作〈蒼翠淩天圖〉軸、〈天都探勝圖軸〉、〈谷口白雲圖軸〉、〈黃山道中圖軸〉、〈黃嶽圖〉軸等若干幅，均為黃山題材。據〈自為寫照圖〉，幽棲寺大歇堂之建，可能即始於此年。

　　五十歲　順治十八年　辛丑　1661 年

　　本年繼續有大量畫作傳世。主要有〈仙源圖〉、〈禪機話趣圖〉、〈天都峰圖〉、〈黃峰千仞圖〉、〈碧潭青章圖〉等，多為軸圖。

　　五十一歲　康熙元年　壬寅　1652 年

　　本年繼續有大量畫作傳世。主要有〈在山看山圖軸〉、〈深山幽棲圖軸〉、〈溪山釣圖軸〉、〈山水圖冊〉等。

　　五十二歲　康熙二年　癸卯　1663 年

　　本年，髡殘書畫創作處於高峰期，作品眾多。主要有〈雨洗山根圖〉、〈疊壑雲深圖〉、〈重山疊嶂圖〉、〈臥遊圖〉、〈雲裡茅屋圖〉、〈六六峰圖〉、〈報恩寺圖〉、〈溪山閑釣圖〉、〈蒼閃結茅圖〉、〈寒林待客圖〉、〈青峰淩霄圖〉、〈仿王夢山水圖〉及與青溪合作

之〈雙溪怡照圖〉等，多為軸圖。

五十三歲　康熙三年　甲辰　1664年

本年畫跡有〈雲凍流泉圖〉、〈懸崖飛瀑圖〉，均軸圖。

五十四歲　康熙四年　乙巳　1665年

本年畫跡有〈面壁達摩圖卷〉及扇面來年數種。

五十五歲　康熙五年　丙午　1666年

本年畫跡有〈秋高氣爽圖軸〉、〈溪山無盡圖卷〉及〈茅山圖冊〉等。曾至城中，為青溪作〈黃山圖〉四幅。

五十六歲　康熙六年　丁未　1667年

畫跡有〈山水圖〉卷及〈松岩樓閣圖〉、〈黃鳥詩意圖〉兩軸。

五十七歲　康熙七年　戊申　1668年

為青溪作〈山水圖軸〉。秋日，返故鄉為雙親遷葬。

五十八歲　康熙八年　己酉　1669年

在黃山與歙縣。作〈彭澤詩意圖〉、〈金竺朝露圖〉；又為青溪作〈溪橋策仗圖〉，均軸畫。

五十九歲　康熙九年　庚戌　1670年

畫跡有〈保樹聽鶴圖軸〉、〈山水圖軸〉等。

六十歲　康熙十年　辛亥　1671年

正月，於大歇堂為青溪作〈山水圖軸〉；四月，周亮工為其作60祝壽詩。

六十一歲　康熙十一年　壬子　1672年

可能，大歇堂為火焚，在本年。本年尚未發現畫跡。

六十二歲　康熙十二年　癸丑　1673年

本年，尚未見畫跡。八月，圓寂於牛頭幽棲寺。遺骨火化後，遵遺囑，投燕磯江中。

八大山人：亂世仙才，簡淡神品

　　朱耷（1626—約1705），譜名統𨨑，南昌人，明寧王朱權後裔。明亡後，為僧為道，建青雲譜道院。平生諱言身世，別號雪個、個山、人屋、八大山人等。以簡筆知名，不拘成法，超越凡境，人稱「墨點無多淚點多」。

第一章　西江王孫

　　八大山人者，故前明宗師，為諸生，世居南昌。

　　　　　　　　　　　　　──邵長蘅〈八大山人傳〉

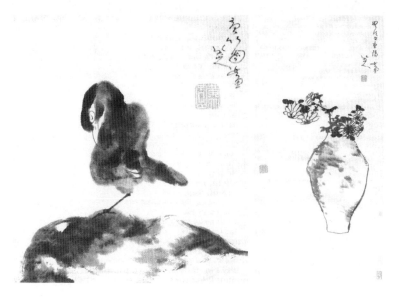

八大山人《鳥圖》　　　　　　　　　八大山人《花卉圖》

一方印章的信息

八大山人歿後 300 年，畫跡遍及海內外，聲名大噪。但是，八大山人究竟是誰？說法不一。說法不一的原因在於山人生前沒有明白地完整地敘述過自己的身世，如幻如影，通常不肯以真面目示人。如幻如影，源於他所處的歷史時代環境的險惡，當然，也源於他異於常人的個性。如果我們追尋 300 年來八大山人身世之謎的過程，會發現許多故事，有許多趣味，但是繁瑣。這本書勾勒的是高僧生平與藝術的輪廓，述及今日學界的認定，不涉及或少涉及認定的過程。山人一生如幻如影，但真相總是有蛛絲馬跡可尋。近年南昌發現一幅山人小像，上面山人鈐了一方印章，並自題畫像始末及年月。鈐印印文是：

西江弋陽王孫[1]。

這方印章為今日了解山人打開了一個準確的入口：他是西江弋陽王之後，朱明皇族的後裔。這一點，山人多年的許多朋友在詩文中約略述及，但語辭隱約，後人理解產生歧義，發生過許多爭論。山人所鈐這方印章面世，便明確的告訴別人他的家世與門閥。明代初年，朱元璋分封諸子至各地為王，第十六子朱權在洪武二十四年（1391）被冊封為寧王，永樂元年（1403）移國於江西南昌府。朱權在江西繁衍子孫，子子孫孫，後分為 8 支，這就是臨川、宜春、瑞昌、樂安、石城、建安、鐘陵、弋陽之王，八大山人屬於弋陽王的一支。臨川等 8 地是江西地方，8 支以 8 地命名，只是一種說法，並不分駐各地，譬如弋陽王一系，依舊聚集南昌，由寧王府統管，不至於權力分散，便於控制。

---

[1]　據〈個山小像〉。此像山人自題為黃安平畫，當年山人 49 歲。

戈陽一系，綜合今日已發現的朱氏家譜及研究成果[2]，一至九世簡況如下：

第一代	寧　王	朱　權
第二代	寧　王	朱磐烒
第三代	弋陽王	朱奠壏
第四代	弋陽王	朱覲鐰
第五代	鎮國將軍	朱辰瀩
第六代	輔國將軍	朱拱柨
第七代	奉國將軍	朱多炡
第八代	鎮國中尉	朱謀鷱
第九代	輔國中尉	朱統𨨗

明皇族規定，為便於區別輩分，諸王自擬世系 20 字，寧王一支，從第二代寧王起，依次為磐、奠、覲、辰、拱、多、謀、統、議、中、總、添、支、庶、闊、作、哲、向、親、衷20世。前述 9 代，完全遵循了這一規定。後裔本名，按木、火、土、金、水下沿，而且本名應與庶民常用字區分，所以，名字中出現了一批生造字，9 代人的名字，也完全符合朱氏皇族的規定。

世系第七代朱多炡，為八大山人祖父。祖父字貞吉，號瀑泉，與當時文化名人王世貞、文嘉往來，善詩，以書畫擅長。其人「好遊，問俗吊古，有慨於中，或歌或泣，人莫測取故」。多少有點神經質。也許是遺傳因子的作用吧，八大山人日後的性格也類似他祖父。祖父書畫曾用「來相如」筆名，八大山人日後也曾用「個相如吃」印，一脈相承吧。

2 這些史料，包括《朱權壙誌》、《江西朱氏八支宗譜》。《朵雲》1990 年 4 期載汪世清〈八大山人世系問題〉，有詳析。

　　世系第八代朱謀𧅫，便是八大山人的父親了。他是貞吉先生的第六子，字太沖，號鹿洞。他的特長是繪畫，「好以名走四方，求者絹素盈室，孜孜曉夜，揮灑不倦」。繪畫在地方頗有名氣。貴族子弟衣食無憂，無所事事，整日以書畫自娛，是常見現象。八大山人幼年在書畫方面接受父祖的教誨與熏陶，屬意料中事。鹿洞先生生理上有點毛病，「喑啞不能言」[3]，多種清人筆記有類似說法。可能是啞巴，不和別人作語言交流，屬於父親的遺傳吧。

　　第九代朱統𨨏，那便是八大山人了。

山人種種名號

　　山人幼年在府，日後避禍四方，在書畫中署名種種，後人不易分辨。羅列常見數種，以便讀者有輪廓印象。

　　朱統𨨏本名。宗譜如此記載：「統𨨏號彭祖，又號八大山人」[4]。「統」標誌輩分，他屬於朱明皇族的第十代寧王世系的第九代，弋陽王系的第七代。「𨨏」從金，符合家族命名儀規。只是，這樣一個本名，目前尚未發現山人本人及當年知己述及。

　　朱彭祖　　號。宗譜如此記錄，尚無其他文獻述及。

　　朱　耷　　俗名。清代中前期有數種著作，均稱八大山人名朱耷[5]，可能是乳名，據云，出生時雙耳較大，戲稱為驢，耷是驢的俗寫。

　　傳　綮　　僧名。

---

[3]　此語見《虞初新誌》載陳鼎作《八大山人傳》。

[4]　據《江西朱氏八支宗譜》。

[5]　明言八大山人即朱耷者，較早見於康熙年間新建縣曹茂先所著《繹堂雜識》，張庚《國朝畫徵錄》、謝坤《書畫所見錄》亦持此說。

忍　庵　　僧號。或稱法堀，淨土人，廣道人。

雪　個　　為僧後自號，或稱個衲、雪衲。

個　山　　自號。

驢山人　　戲謔性自號。此稱曾變化為個山驢、驢屋驢、驢屋、人屋、驢屋人屋等，亦曾自稱鈍漢，灌園長老等。

八大山人　　目前發現為 59 歲開始使用的自號。

少為進士業

山人幼年，由於農民起義軍尚未觸動南昌，過的是勛貴子弟的優裕生活。陳鼎說他 8 歲便能作詩，又說他善於篆刻，又能繪畫。他曾見過山人早年畫的一幅荷花圖，「敗葉離枝，橫斜水面，生意勃然」。還有人說他幼童時代「能懸腕作米家小楷」。他在幼年時代，詩文書畫諸方面都打下了很好的基礎。如果優裕的生活貫穿終生，如果不是國變，也許，他只是優遊一生的紈絝子弟，是一個在地方小有名望的皇族後裔，正如他的父親一樣，如此而已。但是，命運折磨了他，命運也成全了他。

山人少年時代，如朋友所記，「為諸生」，或者「為進士」，通常地說，約在崇禎十四年前後，崇禎十四年這一年，他 16 歲，山人屬勛貴子弟，終身享受朝廷的供養，但不得以勛貴身份競爭官位，不得進入科舉仕途。山人入學成為秀才，標誌著他已拋棄了「輔國中尉」的榮銜，從零開始，以文人的努力重新開步。這種選擇一方面與山人的資質有關，他在文事方面充滿自信；另一方面也與世態有關。明末天下擾攘，王室人口眾多，成為寄生階層，弊端百出，有為的年輕人立志奮發，改變生存方式，銳意進取。

第二章　國　變

> 弱冠遭變，棄家遁奉新山中。
> ——邵長衡〈八大山人傳〉

三月十九日

甲申年，即 1644 年，對於華夏大地來說，是個天崩地裂、虎嘯龍吟、神鬼皆驚的年代。

這一年，有三個日子，對於南昌弋陽王府尚在弱冠之年的山人來說，是永遠忘不了的。這三個日子分別是：

三月十九日，李自成反抗朝廷的星星之火，終成燎原之勢。這一天，大順軍終於占領了北京，占領了皇宮。崇禎皇帝自縊了，後宮們紛紛自裁，治隆唐宋、聲威四播的朱明帝國的巍巍大廈，經歷 276 年的風雨以後，終於崩塌。噩耗傳到了南昌是在若干天以後，王府內外立刻白幡一片，號哭一片。日後山人形容自己，用了一個很準確的傷心詞語：「喪家狗」。朱姓皇族是一棵枝繁葉茂的大樹，果實累累，覆蓋四方，

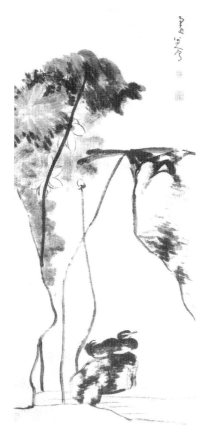

八大山人《花鳥圖》

現在樹根已經被人家刨了，那些枝枝葉葉的命運只能是填溝填壑，對於果實的命運只能是散落泥汙，逐漸腐爛了。

五月某日，在山海關外虎視眈眈多年的滿族統治者，這一天終於占領了北京，建立了大清帝國，開始了順治王朝。新王朝的作為和每一個漢族男子關係最密切的是降官順民必須薙髮，剃去腦袋前半部分的頭髮，作為降順的標誌。留頭便不可留髮，留髮者不能留頭，每一個漢族男子都必須面臨不可回避的、生死存亡的抉擇。這就是說，300年前元人殘暴的統治又回來了，大江南北又將陷入朝不保夕的歷史苦難之中。山人日後作畫，說是「還寫宋山河」，說是「梅花花裡思思肖，和尚如何如采薇。」心裡記住的，便是由這一天開始的黑暗歲月。

六月十九日，說來也是巧合，這一天距離明亡之日整整一年又三個月。這一天，降清的原明總兵金聲桓的軍隊進駐南昌，南昌城頭的大明旗幟全部換成了大清龍旗。對於南昌百姓來說，災難的日子遲早要來，但這一場戲劇性的變化卻來得十分突然。金聲桓本是駐守九江的一員抗清虎將，令人詫異的是，在清軍南下的緊急關頭突然變臉，先是以「屠城」要挾，命南昌降清，入城後又搜捕故明皇族後裔，獻媚新主。金聲桓是個反覆無常的人，日後又因與清廷矛盾，抗清而死，乙酉年的六月十九日，無疑地是山人最傷心的日子，這一天他不得不棄家流亡，成為流民。日後他說「所期往復還，人情新反故」。是不是有點金聲桓的影子？

這三個日子是山人日後永遠忘記不了的恥辱的日子，心裡充滿仇恨的日子，這些日子的分水嶺，使他從雲端裡墜入萬丈深淵，從金枝玉葉的王孫變成了亡國亡家的浪人，最後成了一名和尚。山人在以後的畫頁中，在署名部分常用墨寫一種特殊的符號，習

慣地稱「花書」，或稱「花押」，作為個人形象的一種標誌。花押的含義後人猜想種種，近人汪子豆先生分析，係「三月十九」的合書。仔細辨認，寫法種種，「三」、「九」二字非常明顯，「十」、「九」二字係合書。內心隱痛，貫穿終生；痛徹骨髓，又不便明言。汪先生的分析頗有道理。

江南王族抗清活動

清軍南下初期，朱明各地藩屬自然地成為清廷主要打擊對象。封建時代，具有皇族血統的人物，作為一種象徵，在抗禦侵略方面，自然地具有異於常人的號召力與凝聚力。江南各地風起雲湧的抗清武裝，紛紛以擁戴朱明為幟，奉流散四方的藩王為偶像。乙酉以來，江南諸地以藩王或宗室領銜的抗清力量，簡況如下[6]：

名　稱	姓　名	抗清據點
瑞昌王	朱盛㴗	茅　山
樊山王	朱常㳮	太　湖
樂安王	朱誼石	句　容
潞　王	朱常淓	杭　州
魯　王	朱以海	紹　興
唐　王	朱聿鍵	福　州
靖江王	朱亨嘉	桂　林
宗　室	朱統䤵	重　慶
韓　王	朱本鉉	巴　東
桂　王	朱由榔	肇　慶
東安王	朱盛濃	川　東
宗　室	朱容藩	夔　州
宗　室	朱聿鐼	廣　州

6　據謝國楨《南明史略》中〈長江中遊的義師〉一節概要編寫。

　　乙酉以後，以藩王為旗號的抗清活動基本上是在長江一線及其以南地區。形勢很顯然；西北地區是農民軍的根據地，那一帶朱明王朝的根基已被摧毀，朱明藩屬對民眾已無號召力。東南地區不同，東南地區一直在朱明皇族控制之下，王族經營 200 餘年，親朋故舊眾多，根基深厚。另一方面，清人入關，對朱明皇族裔屬採取嚴厲的鎮壓措施，以武力或以誘餌形式予以絕滅，這就從客觀上迫使各地藩屬上山為王，自立旗號，匯為抗清洪流。

　　作為宗室的成員，年屬 20 的山人，就是在這樣的情形下「棄家遁奉新山中」的。

亡命山中整三年

　　乙酉六月以後，淪為清人疆土的南昌城，沒有容留山人的一榻之地，不得已「遁奉新山中」。20 歲的血性書生，又是宗室成員，到山裡去幹什麼？僅僅是逃避追捕嗎？是參加抗清洪流嗎？是從事某種秘密工作嗎？這三年是驚濤駭浪的三年。是神秘的三年，山人這三年的歷史，留給後人的，至今依然是一段空白。

　　自金聲桓進駐南昌後，江西朱姓宗室舉旗抗清者，簡況如下[7]：

名　稱	姓　名	情　　況
永寧王	朱慈炎	抗清於吉安一帶
宗　室	朱統錡	抗清於潛山一帶
益　王	朱由本	抗清於江西東部
瑞昌王	朱統鑒	抗清於建昌、廣信、撫州間
瑞昌王	朱誼泐	舉旗安慶，待考
宜春王	朱議衍	抗清，1648 年遭斬

[7]　據《明清史料》甲編及丙編記述編寫。

| 桂溪王 | 朱常㳬 | 抗清，1648 年遭斬 |
| 南昌王 | 朱議溯 | 抗清，全家 90 餘口被殺 |

　　八大山人一生，一直不肯明白地說出自己真實的歷史狀況，甚至真實姓名，除可靠的摯友外，世人不明白他的來龍去脈。即使是康熙中期，環境業已較為寬鬆時亦如此。就譜系看，山人遠離正宗，在朱明王族中遠非關鍵人物，何以緘口如此？關鍵之處，不在於出身宗室，而在於 1645—1648 年義旗如林而鎮壓者卻又殺人如草的 3 年。在天下大定以後，這 3 年的行蹤極大地關係著一個人的一生安危。這 3 年中。除了前述宗室抗清者外，建昌有「庠兵」，袁州有「棚民軍」，黃道周援贛有「扁擔兵」，黃道周的夫人有「夫人軍」，男女老少，誓死抵抗，熱血沸騰。抗清志士不幸力屈被俘，被解至南昌就義。「多有文秀嚴毅，顧盼偉然，至死不自言姓氏者」[8]。江西人至死「不自言姓氏」是一種傳統，是一種風尚。這種傳統風尚最現實的考慮是保護家庭，保護親朋好友。關於這 3 年，山人至死緘口，是不是也在保護什麼？

　　歷史的發展有偶然性也有必然性，一個人的歷史也是這樣。入山 3 年以前，山人的思想傾向如何？入山 3 年以後，甚至於貫穿一生的山人的思想傾向又如何？前後聯繫起來，加上這 3 年中義旗高舉、抗爭不斷的環境，血氣方剛的山人會做些什麼，不難想象。但是，歷史的敘述需要佐證，這樣，3 年的山中歲月，至今只能是一段空白。

8　據溫睿臨《南疆逸史》所記。

第三章 皈依空門

戊子，現比丘身。

——饒樸宇〈題個山小像〉

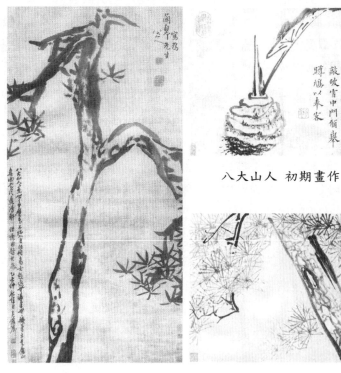

八大山人 初期畫作

八大山人《松圖》　　　八大山人《松圖》

戊子之劫

戊子，即清順治五年，1648 年。這一年的南昌是浩劫之年，城市遭遇之慘烈，不下於「嘉定三屠」與「揚州十日」。

南昌屠城之劫，源於金聲桓的反正。明將金聲桓降清，盤踞南昌，未受清人重用，「血氣難平」，戊子年初舉旗抗清，金氏反清，考慮的不是百姓安危、民族大義，而是個人榮辱。對於當年的軍事態勢缺乏清醒的估計，是一種孟浪行為。從六月初八起，清軍譚泰部包圍南昌，歷時 8 個月，直至城破，金聲桓捐軀，南昌城遭到血洗。

圍城期間，先是四鄉百姓陷於水深火熱之中。清軍於城四周築塹，深廣各二丈，並建浮橋，擄來的民夫晝夜施工，每日只供粥一餐，死者達 10 萬，女人為「同營者疊奸無晝夜」，完工後，「所掠男女一並斤賣」。這樣一來，「周圍數十里田禾、山木、廬舍、丘墓一望殆盡矣」[9]。城中百姓在被困時生活同樣艱難，糧草缺乏，米一升賣銀八錢，糠一升銀二錢，老鼠一隻銀二錢，後來發展至人吃人，相互殺戮。據記，曾有多起城中逃亡人員投誠，十月初二日有 500 餘人，結果清軍只留 11 人，「餘賊分殺訖」；十月初三日 120 人攜武器投誠，武器留用，「賊官賊兵殺訖」；三日下午，又有男婦 70 餘名出城求生，結果，「男人分殺，婦女分留……」[10]

山人「現比丘身」，就是在這樣血雨腥風的年代。棄家在山中亡命數年，生存方式可能經歷了種種選擇，而遁入空門。可能是走投無路的最後的無奈選擇。經過清軍的燒殺，江西境內十室

9　見於徐世溥之《江變紀略》。

10　據《明清檔案》第九冊。

九空。當時人張岱過江西，所過州縣，一座城市裡，只見茅屋數
間，「余皆蓬篙荊棘，見之墮淚。」老百姓僅見三五，縉紳則隱匿
山林，不見當道[11]。清軍到處搜查，強迫剃髮，恥辱的印記打在
腦袋上，苟且活命，忍氣吞聲。此時的山人乾脆鬚髮落盡，「現
比丘身」。這種情形，與其說是一種躲避，不如說是又一種形式
的反抗。

禪門印跡

　　妻離子散，國破家亡，「萬髮皆捐，一發何用？」清初，這
樣的慨嘆之辭在亡國書生中輾轉相傳。山人此時進入佛門，也是
憤於「萬髮皆捐，一髮何用」吧。至於出家的地點，一說在奉新，
一說在進賢。《進賢縣誌》如此記錄山人：「遭變，棄家遁進賢山
中，薙髮為僧。」說的很肯定。山人從事宗教活動的地點在進賢
介岡燈社，介岡在進賢城西五十里，地點「三十八都」，近湖，
屬黃山餘脈，亦有高達千米以上之崇山峻嶺。佛家宣傳佛法以燈
為喻，亦名傳燈，燈社是廟宇的別名，深山中的燈社，無非是草
屋數間，青燈古佛，周圍有點林木田畦，供僧人糊口而已。

　　山人為僧初期，在書畫中用過幾方與佛門有關的印章。仔細
觀察就這些印章，頗可窺見山人初入佛門數年間生活狀況與思想
狀況：

　　法　崛　這是山人進入禪門最早的法名，屬於「法」字輩。
差不多同時進入佛門的尚有法慧、法翊。研究家分析，可能是當
時境遇相似的讀書人的集體行為。法慧亦名牛石慧，傳說云，係
山人之弟或同宗兄弟。明亡後為生存計，諱言姓朱，取朱字部分，

―――――――――――
11　張岱《石匱書後集》。

改姓「牛」，其餘部分則是八大山人的「八」、「牛」與「八」。合為一個「朱」字。暗喻朱姓王族分崩離析之傷痛。至於法翊，曾在山人日後所作〈花鳥圖〉以草書作題。屬於山人同門僧友。

口如扁擔　口如扁擔，便是閉口不語了。山人之父有啞疾，山人並無啞疾，而且善談。但在國變後，相當一段時間，他曾在居住地的門上，大書一「啞」字，表示沒有與別人語言交流的能力，有問無答，緘口不言。這種情況，傳記云，「如是者十餘年」。後世分析者，或認為是受了刺激，真的得了瘖啞之疾；或認為是口吃。按常情推斷，山人父親之「啞」是生理疾病，而山人之「啞」，是應對險惡環境的一種智慧。

佛弟子　拾得　拾得原為棄兒，10歲時為豐于禪師在浙江天臺的赤城山拾得，加以撫養，故名「拾得」，後成為高僧。山人以「拾得」自名，鈐於書畫，反映自身境況與拾得相似。「從來是拾得，不是偶然稱。別無親眷屬，寒山是我兄。」拾得有偈詩多首，時作癲狂狀。山人在拾得身上看到了自己的身影。

枯佛巢　這是山人遁入空門後對環境的一種感受吧。

淨土人　土木形骸　一為無奈僧人的自我寫照。塵世五濁，即劫濁、見濁、煩惱濁、眾生濁、命濁。佛家淨土，即無五濁垢染之世界。山人力求自我解脫，但家國之恨的強烈情緒不能泯滅，日後又無奈返回塵世了。山人在燈社所奉佛像當然都是泥塑木雕的，山人心裡明白。修心成佛，其實也不過是修成那種泥塑木雕的偶像罷了。這是一種矛盾心態的痛苦反映。

個山　雪竹　傳記云「初為僧，號雪個。」又說，「病間，更號曰個山」。個山名稱的由來，本人無自述，朋友們也未解讀，但後人眾說紛紜。筆者贊同這樣一種說法，即個山之名與山人在

肖像畫上所繪一幅畫有關。這幅畫是⊙，原意可能是「圜中一點」，朱明王族已被殺戮殆盡，但是還留下一點。⊙ 一分為二，分為上下兩截，那麼上截便是「個」字，下截便是「山」字，合為「個山」。目前存世的宗室子遺，是孤獨之「個」、迷茫之「個」，也是倔強之「個」這是山人自號的核心[12]。只是，合理的解讀還需要證明。

至於「雪個」之名，在後世流傳更為廣泛，此名從個山變化而來，引申為「雪衲」「個」字等，「個」，不是陽春三月之「個」，而是嚴冬之「個」，雪中之「個」。個山滿身披雪，便是為亡明，為消失的家族披上一件孝服吧。

師從宏敏

山人進入佛門之第 6 年，28 歲時，正式拜穎學弘敏為師，成為禪門曹洞宗傳人。弘敏號耕庵，弟子們稱他為「耕庵老人」。其實山人拜師時他才 47 歲，年紀並不大。但是，在亂世時，一個人能活到 47 歲，很不容易了。《進賢縣誌》說這個人「天資高朗，機鋒迅徹。」又說他「隱居介岡之燈社」，暗示他也是亡命的遺民。曹洞宗形成於江西，因法系前人良價，本寂分居洞山、曹山而得名，禪風以回互細密、深藏不露著稱，山人日後詩文頗得此宗禪風真傳。山人法名傳綮，沿傳綮上溯，曹洞宗情形如下：

輩　　次	法　名	情　　形
第一代	良　價	唐人，住洞山
第二代	本　寂	唐人，住曹山
第三十六代	博　山	明人，著有《博山參禪警語》

12　此類富於創意的見解，分別見於謝稚柳先生與譚天先生的著述。

| 第三十七代 | 宏　敏 | 明遺民，字穎學，號耕庵 |
| 第三十八代 | 傳　綮 | 即八大山人 |

　　山人正式歸宗，他在佛門取得的地位，縣誌說他「不數年，豎拂稱宗師。」從此不再是小和尚了。他可以獨立地開堂說法，他的同門師兄弟說他「從學者常百餘人」。開堂說法，再「啞」下去是不行的，而且必須是流利地說話了。

　　耕香　　山人於進賢介岡可以執紼稱宗師時，耕庵老人去奉新新興鄉之廬田，住持僧門之耕香院。老人日後於山人 49 歲逝世。山人常用此印，懷念宗師。

　　《進賢縣誌》曾錄有宏敏與傳綮的唱和詩。錄其數首，略作解說，以供同好。

　　師宏敏和尚：

> 夢回孤枕鷓鴣殘，春雨蕭蕭古木寒。
> 往事不須重按劍，乾坤請向樹頭看。

　　弟子傳綮和尚和詩：

> 茫茫聲息是林煙，猶似講經意未眠。
> 我與松濤俱一處，不知山在白湖邊。

　　因為詩中有「按劍」語，論者多以為是師生表達抗清意識的詩詞。細讀詩句，老和尚是在勸戒年少氣盛的徒弟應當忘卻過去，忘卻塵事；徒弟則表示我已物我皆忘，進入禪境了，如此而已。一切妙在不言之中。還有一組詩如下：

> 狼藉威音奧味新，臨風常惜弄花人。
> 香嚴未許從嚴入，到此知誰掃客塵。

　　徒傳綮：

　　十二風流曲曲新，聞香誰是問香人。

　　若從此地尋花悟，緣起無端墮六塵。

　　師徒所吟均為一處景點：問香樓。樓閣仍在，人在何方？這
兩首詩倒是有點真實地反映了劫後江西赤地千里、廬舍為墟的悲
慘境況。老和尚說，花木仍在，可惜種花人不知那裡去了？有兩
個窮和尚到此流連，只見荒臺頹樓，沒有人出來接待客人了。年
輕的和尚說，風景甚佳，可惜的是，誰有情致再來問香呢？如果
真的此時此地前來問香，便又要墮入色香的汙染，成為凡胎俗骨
了。所見所聞與禪機禪鋒相吻合，可意會而難於言傳。既是好詩，
又屬妙悟。

第四章　傳綮寫生冊

> 有仙才，隱於書冊。畫皆生紙淡墨，
> 　　題跋多奇慧，不甚可解。
> 　　　——龍寶科〈八大山人畫記〉

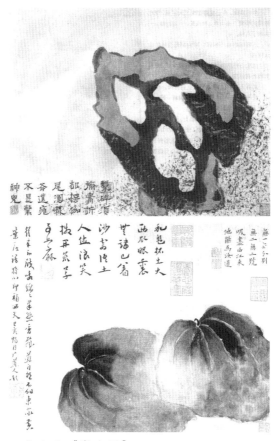

八大山人《寫生冊》之一

《寫生冊》的流傳

山人早年所作〈寫生冊〉，日後為清廷大內收藏，列入《石渠寶笈》。上鈐有「乾隆御賞之寶」、「養心殿鑒賞寶」、「嘉慶御覽之寶」等印記，但作者是誰，早年說法不一。冊中有若干「傳綮」印，稱〈傳綮寫生冊〉，其實，此冊作者，石濤在當時說得很清楚的，冊中有「雪衲」與「個山」印，石濤吟八大，說「程子抱犢向余道，雪個當年即是伊。」程子即程京萼，字袚齋，一位來往於南昌於揚州間的商人，當年缺少信息迅速傳播的媒體，若干清人缺少深入研究的條件，以致以訛傳訛。此事近年方有定論：〈傳綮寫生冊〉屬八大山人早年作品，現藏臺北故宮博物院。

中國古代的讀書人通常遵循儒家之道，以天下為己任，志在匡扶社稷，澤被生民。至於作畫，不過是一種閑情逸趣。中國也有一些文人最終以畫名標史冊，其實並非他們始料所及，只是生不逢辰，不得已以畫求生。走上了末路窮途。山人正是如此，悲憤一生，在書畫署名中，不肯示人以真面目，用過的名稱多達四五十個，使人長期如墮五里霧中，正是不肯以畫求名的心理狀態的反映。他說過，「不脫塵寰豈避秦」，他是無心要當什麼畫壇宗師，要謀什麼名傳千古的虛榮的。他又說過，倘若不是國變，他也是不會走向抄經作書，以丹青謀求生計的道路的。

畫冊 15 開，紙本水墨，繪有西瓜、芙蓉、芋、奇石、松樹、石榴、梅花、白菜、水仙等。均為深山小廟常見之物。署時為己亥十二月朔日。即山人 34 歲時，署地為「燈社之松海」。此冊題詠及其餘書法作品 11 段，分別為楷書、隸書、章草、行草。

黑牡丹圖

用墨色畫牡丹的著名前人，是明代徐渭。牡丹以色彩艷麗著稱，但是徐渭說，他是窮人，與富貴榮華風馬牛不相及，所以用墨色作畫，說是「不借東風力，傳世是墨王。」滿腹牢騷。山人也用墨色畫牡丹，濃淡參差，只是他的題畫句較徐渭隱晦，符合和尚身份。

> 尿天尿床無法說，又向高深闢草萊。
> 不是霜寒春夢斷，幾乎難辨墨中煤。

牡丹為富貴之花，山人卻以「尿天尿床」題辭，雖然這是對於當時權貴的輕蔑。題辭之年為順治十六年（1659），此時大批漢族志士已與清廷合作，在朝廷作官；至於州縣，基本上是剃髮結辮的漢人當政。還有科舉，業已舉行了八屆的京試中，有六位狀元是漢人，至於進士、舉人，十之八九皆為漢族讀書人，成為或即將成為支持清政權的基礎力量。滿州貴族統治華夏，一方面對於武裝反抗者嚴厲鎮壓，一方面對於願意歸附者取懷柔態度。對於這種現象，懷有濃厚遺民意識的山人持強烈的敵視態度，他說的「尿天」，源於《五燈會元》中佛教故事，其中有「佛教階前狗尿天」句，至於「尿床」，在又一故事中，有「虎狼縱橫，尿床鬼子」之說。顯然，山人借佛家語言，痛罵某些人為「尿天」之狗，「尿床」之鬼，如今又在到處鑽營，媚敵求榮，綻開一團漆黑的今日富貴之花。這些人的真實面目，只有在歷史變化的重要關頭，才能讓別人看得清楚。詩似乎很費解，但是表達的情緒卻十分激忿，十分尖銳。

玲瓏石圖

　　玲瓏石屬於湖石，經千萬年湖水搏擊，石形瘦、透、縐、秀，儀態萬千。不比黑牡丹的題跋，題石句心態要平和許多：

　　　　擊碎須彌腰，折卻楞枷尾。渾無斧鑿痕，不是驚神鬼。

　　此石為非凡之石，屬於神山的一角。「須彌」、「楞枷」均為佛經中述及之神山，佛祖曾於此山之石上弘揚佛法。石同佛性，石亦有靈。題句開口見佛。符合一位詩僧的身份。精采之筆是下面兩句，崇尚自然，自然境界乃最高境界。此詩強調「無斧鑿痕」的思想，表達的正是佛家的因緣觀念。萬事萬物均有因果，任其自然為上。佛家主張隨緣：「任運隨緣無掛礙，涅槃生死等空華。」正如蘇軾所云：「溪聲便是長廣舌，山色無非清淨身。」真佛在自然之中，山人所繪之石，從一塊頑石化為這樣的玲瓏石，正是他領略佛法，自然變化的結果，絕非刻意雕琢所致。山人從禪若干年，打坐蒲團，對佛法有若干領悟。此畫正是領悟佛法之作。

西瓜圖

　　〈寫生冊〉畫兩只大西瓜，墨色有濃淡，瓜形有正欹，堪稱奇形怪狀。題句之一是：

　　　　和盤托出大西瓜，眼裡無端已著沙。
　　　　寄語土人休浪笑，撥開荒草亂如麻。

　　這首詩反映山人進入禪門以後的矛盾心態。「和盤托出」語出禪宗話頭，可理解為接受佛門超度，對佛法有所領悟。至於「著沙」，在禪門若干公案中，眼中著沙便迷失慧眼，無法參禪。宋代的雪竇和尚曾言：「古佛尚言未曾到，不知誰解撒塵沙。」「著

沙」是修行的大忌。山人參禪依然心懷家國，時常洶湧哀樂情緒，即昌盛佛家所云之「妄念」，使心之慧眼迷失，對佛法的了解只能說是若明若暗，「撥開荒草亂如麻」。這首詩似乎是一種狀物詩：大西瓜，眼中之沙，瓜所連接的荒草瓜蔓，但是熟悉山人 34 歲那一年抗清形勢的人，聯想到永曆帝退居境外，聯想到抗清的武裝進攻到鎮江、瓜州一帶，聯想到山人的身世與個性，不能不想到他隱身禪門而心懷家國之思。

　　第二首題句是這樣的：

> 從來瓜瓞詠綿綿，果熟香飄道自然。
> 不似東家黃葉落，漫將心印補西天。

　　瓞是小瓜，「瓜瓞綿綿」喻子孫相繼，家業興旺，語見〈詩經‧大雅‧緜〉。畫了兩只大西瓜，其實，隱喻的是「東家」一段傷心事。「東家」怎樣了？父親死了，妻子死了，無上無下，只好寄身佛門。「東家」怎麼辦？「心印補西天」，追求以智慧之劍斬斷人生諸種煩惱的毒蛇，進入無常無我之空滅境界。能做到嗎？難啊。身份是位禪僧，內心還是一位有七情六欲的儒生，難以忘懷家國之恨，畫了兩個大西瓜，便生出許多感慨。

　　還有第三首：

> 無一無分別，無二無二號。汲盡西江水，他能為汝道。

　　「一」與「二」，或者說是「一」與「萬」的關係，屬於佛教話題。「一切即一，一即一切。」這是《華嚴經》的說法，一位高僧云：「一性圓通一切性，一法便含一切法，一月普現一切水，一切水月一切攝。」萬物皆空，修持的人只要無限次地重覆一句佛號，佛在我心，心即使佛，便可修煉成功，終歸正果。如此而

已。

　　山人畫兩只大西瓜，重複了這樣的話，但並不重複佛經中的普遍說法。兩只大西瓜並不相同，一不等於二，二也未必能變為一。道理在哪裡呢？「汲盡西江水」，自己體會去吧。詩有禪味，但是他說的現實生活中尖銳的矛盾，而不是禪。山人日後所走的道路，與漸江不同，也與髡殘不同，他不同於一個最虔誠的佛教徒，只是佛門的過客。這首詩詠西瓜引出關於「一與萬物」的話題，並未宣揚「萬物皆空」的佛理，而是認定「一」是物質的「一」，觀念近於道。《老子》云：「道生一，一生二，二生三。三生萬物。」顯然，山人對於道家的思想有興趣，這就涉及他後來與青雲譜的關係。

第五章　修建青雲譜

> 寧藩宗室裔，自稱八大山人者，傷時變國亡，托跡佛子，
>
> 放浪於形骸之外，佯狂於筆墨之間，
>
> 後委黃冠⋯⋯傾囊藏以修建。
>
> ——周體觀〈青雲譜道院落成記〉

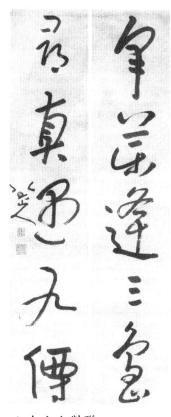

八大山人對聯

　　山人在作〈傳綮寫生冊〉時，他的身份是進賢深山中的一名和尚，但是，他還有另一種身份。在「西瓜圖」的一則署名中，他這樣寫：「己亥暢月，廣道人題。」這就是說，他同時又是一位道士。俗家人也有自稱道人的，那只能算是一種戲稱。己亥是順治十六年，那一年他 34 歲，一邊執紼講經，需要時也立即著道冠道服，畫符驅鬼。邊遠地區的深山小廟，可以兼管各種宗教，為周圍百姓求神祈福，即便是科學日漸昌明的今天，在邊遠地區，這種情形也還會時有發現。

　　歷史發展至順治末年，天下大定，明皇室復辟的可能性已大大降低，追殺朱明王族的風潮正日漸淡化，屬於遠支的王族後裔為求生存，也逐漸悄悄地返回故里。只是，譜系有名的朱姓子孫如驚弓之鳥，儘管已無被拘捕的危險，仍然易名改姓，以保萬全。山人 36 歲那一年，他的弟弟牛石慧從洪崖迎回逃難 10 餘年的老母歸里，山人曾去南昌省母。返回南昌時見滕王閣已成一堆瓦礫，若干廟宇敗瓦頹墻，荒草蔓蔓，不勝唏噓。最令人感慨的是城南定山橋附近天寧觀已淪為荒地，狐兔出沒，荊棘叢生，無人管理。也許是故土之思，也許是「父母在，不遠遊」的遺訓，山人傾其所有，與其餘諸人共同修建天寧觀，改名為「青雲圃」，日後諧音，易名為「青雲譜」。山人隱居於此，「耕田鑿井」，過著隱居的生活，道名道朗，字良月，嗣後，其弟牛石慧也來此隱居，道名道明，字秋月。山人從道，並未終止僧侶生活，康熙初年為人作畫時，依然署「傳綮」、「雪個」僧名。「有時為緇侶，有時著道裝。」後世列山人為青雲譜第一開山人，牛石慧為第二開山人，道士馬道常為第三開山人。山人至青雲譜，時間為順治庚子年，牛石慧參與修建道院，為康熙壬寅年。青雲譜建成於康熙六年

（1667），歲屬丁未，這時候山人已經 42 歲了。他在亦僧亦道的浪跡生涯中，度過了他的憂患中年[13]。

八大山人修建青雲譜最直接的記述，是周體觀所撰之〈青雲譜道院落成記〉。道院落成時，周是江西按察司使，地方高官，撰文於康熙六年左右。一個具有一定權威身份的人物，知道道院的修建經過 8 年左右，知道山人的身世梗概，知道青雲譜的建設由山人捐資並參與勞作，應當說，這是一種可靠性很強的歷史文獻[14]。言明道院為山人所建的文獻還有舒性的〈青雲譜落成序〉，還有《淨明忠孝宗譜》。舒性係山人之友，《宗譜》則明言建院者為「朱道朗號良月，又號八大山人。」還有甚多間接證明的文獻。譬如西蜀人劉璞在山人畫像贊語中有這樣一段話：「禪衣禪杖，則為禪人，一瓢一笠，則為道人，終不若先生寫意迥別。而曰八大山人。」

只是，歷史的認定還有待於更多文物的出現，有待於詳盡的史實的考證。

---

[13]　今日江西南昌青雲譜藏有　涉及建院多種史料，如《淨譜》、《青雲譜誌略》、《八譜》等，本文所述即依上述史料。

[14]　周體觀的〈青雲譜道院落成記〉，原刻於石碑上，存於道院。文化大革命中，此碑不幸被毀，但文字猶存，可為證言。

第六章　個山小像

> 天空雲盡絕波瀾，坐穩春潮一笑看。
>
> 不釣白魚釣新綠，乾坤釣在太虛端。
>
> ——石濤〈春江垂釣圖〉（寄八大山人）

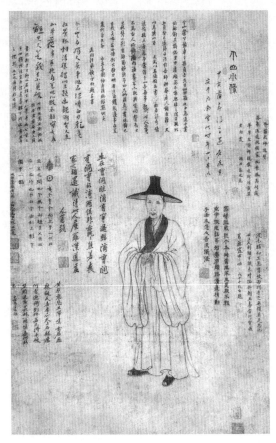

八大山人《個山小像》

似僧似道的圖像

　　〈個山小像〉，330 多年前的紙本手繪圖像，現存南昌八大山人紀念館。畫面至今基本清晰。圖中有山人自題 8 節，他人所書像暨 3 節，屬於後世理解山人翔實而珍貴的史料。山人形象，似僧似道，正如他人眼中所獲得的印象：「談吐趣中皆含道，文字妙處不離禪。」畫像中人頗清瘦，明顯地有營養不良之狀，臉色沉毅，冷眼看人，中心結鬱。著笠帽，臉型瘦長，有微髭，僧衣僧履。和尚有微髭，而且頭部兩側有髮，且雙手並不持念珠或法器，說明此人似僧非僧，並不一心念佛。最有意思的是那頂由山竹竹篾編成的帽子，堅硬而高聳，遮蓋著中年山人的許多秘密。這一幅圖像，應當說，是一幅潛藏山人若干重要信息的形神兼備的圖形。

　　圖中有山人自篆〈個山小像〉四字，跋云：

　　　　甲寅蒲節後二日，遇老友黃安平，為余寫此。時年四十有
　　　　九。

　　康熙十三年五月初七日，黃安平為 49 歲之山人作此畫，依此年齡上溯，我們便可偵知山人生年，早年身世與藝術經歷之種種情形，一目了然。此題鈐印三方：題中鈐「法堀」印，書末鈐「釋傳綮印」及「刃庵」印。山人此時的身份是和尚，但就圖像透露的種種信息看，冷若冰霜的和尚並非正宗的和尚。

僧友勾畫生平

　　畫像完成，山人請僧友饒宇樸題款，記錄生平。畫像之年，正值三藩之亂興起的第二年，江西處於吳兵與清兵交接地帶，形勢未卜，傳言蜂起勢在必然。山人於此時留下肖像在好友中展示，

以真面目示人，必有考慮。饒宇樸世居介岡，據《進賢縣誌》，字蔚宗，工書法，「與八大同為耕庵頭陀之弟子。」饒自稱「法弟」，可能是僧齡較山人為幼。「饒宇樸」屬於俗家姓氏而非僧名，可能是業已還俗，或者是以居士身份拜和尚為師的吧。

饒氏如此記述山人：

> 個山綮公，豫章王貞吉先生四世孫也。少為進士業，試輒冠其儕。偶里中耆碩，莫不噪然稱之。戊子現身比丘，癸巳遂得正法於吾師耕庵老人。諸方藉藉，又以為博山有後矣。

饒氏所記，前章已盡述。記中誤為「四世」二字，山人乃朱多炡（字貞吉）之孫，而非「四世孫」，刪去「四世」二字，改筆出自饒氏，也可能出自山人。饒氏又云：

> 丁己秋，攜小影重訪菊莊，語余曰：「兄此後直以貫休齊巳目我矣。」

貫休是五代前蜀詩僧，畫僧，齊巳是唐代詩僧。此記說明山人在遁入空門的早期，未必專註於詩畫，到了 50 歲左右，詩畫得心應手，自感進入成熟期，佛事已不如何在意，集中精力於詩書繪畫，別有寄托了。

這則題跋有兩方印章值得注意：一方為「鹿同」，饒氏自稱「鹿同法弟」，即鹿同先生之法弟。山人之父號「鹿洞」，山人自號「鹿同」，一脈相傳。還有一方印，即「西江弋陽王孫」，鈐記所透露的信息，首章已述。

自嘲詩句

〈小像〉中有山人自題 6 則，題句時間迄於戊午中秋，6 則自題是約 4 年時間陸續題寫的。自題詩句傳遞的信息遠不如饒宇樸題句的明確，這與各人的表述風格不同有關。〈小像〉按常情只在範圍極小的知己群中傳觀，但用語仍多隱晦。儘管當日環境已不如順治初年嚴酷，但防人之心不可無也，因文賈禍的事，在康熙朝還是屢屢發生的。

> 生在曹洞臨濟有，穿過曹洞臨濟有。
> 曹洞臨濟兩俱非，羸羸然若喪家之狗。
> 還識得此人麼？羅漢道底。

題句前兩句認定自己在佛門地位，但又自述「兩俱非」，不是兩宗俱非，而是自己學禪並不到家，天生不是一塊做和尚的料，歸於兩宗，卻一處均未有透徹的領悟，「若喪家之狗」。以狗自喻，自嘲至極。至於「喪家」之「家」，可以理解為學佛轉而學道，喪失佛門之「家」；也可以理解為喪失弋陽王府之「家」。言辭恍惚，為了安全。

> 沒毛驢，初生兔。
> 劈破門面，手足無措。
> 莫是悲他世上人，到頭不識來時路。
> 今朝且喜當行，穿過葛藤露布。

上一冊以狗自嘲，這一則以驢、兔自嘲。無毛之驢，初生之兔，說白了，禿驢也。面對畫像，山人如此嘲諷自己，說明自己苟活於人世間，處於相當尷尬的局面。身在佛門，先要自度，然後普度眾生，手足無措的這個人，斬斷塵世一切情緣了嗎？「不

識來時路」了嗎？說是未忘國恨家仇，情未能已，倒還恰當。露布，可能是僧人纏腿之布，做一天和尚撞一天鐘，朝前走吧。

雪峰從來，疑個布衲。當生不生，是殺不殺。至今道絕韶陽，何異石頭路滑。

這梢郎子，汝未遇人，時沒儞僮。

禪語。用「燈社傳綮」印記。雪峰義存是唐代禪僧，傳法時總是用語隱晦，似是而非，他結庵於衡山南寺，稱石頭和尚。求法不得要領，問道於另一禪僧馬祖，詢問雪峰的奧妙在哪裡，馬祖道：「向汝道石頭路滑」，用似是而非的語言破解雪峰的似是而非。高僧究竟說的什麼？就看你有沒有慧根，能不能領悟了，遺憾的是，今日「道絕韶陽」，這種高人已經沒有了。畫面上這個「梢郎子」，朱明皇族的末代子孫吧。既未為高人指引，成仙成佛；又未到處張揚，自投羅網，所以至今苟活於人世。

蔡受怪題

摯友為畫像題句，其中有一位是《鷗跡集》作者蔡受。蔡受的題句非常特別：

　　橪⊙咦！個有個而立於 一二三三义之間也；個無個，而超於义三三二一之外也。個山個山，形上形下。圜中一點。

題句如謎，題句如禪，題句如畫。其實，這是山人身世與自號形成的藝術解讀。

橪 這一組拼湊起來的生造字，源於寧王世系的排列順序。山人出身於這樣一個家族。

⊙　上下拆開，化為「個山」二字，前章已述。

一二三三又與又三三二一　　王族世系。山人在家，列入世系之中；山人為僧即出家，又超於世系之外。

圜中一點　　朱明王族，死的死了，殺的殺了。剩下來的就是畫像中的這麼一點點了[15]。

蔡受之題題於畫像，山人並未改動與塗抹，說明山人是默認的。而且對於這樣的表達方式，也是很欣賞的。

---

[15]　可以參考 1983 年出版之《藝苑掇英》17 期謝稚柳文。

第七章　佯狂前後

佯狂恃酒甘風子，一去房州三朵花。

──八大山人題畫詩

八大山人《花鳥圖》　　八大山人　上《梅花圖》、下《南瓜圖》

步入藝術佳境

　　山人 40 多歲時自稱，他已成了清初的貫休了。這就是說，他在書畫方面的造詣高於禪學方面的造詣，畫名大於禪名。這是自信的說法，也是如實的說法。30 多歲的〈寫生冊〉已漸露頭角，過了不惑之年，書畫便漸入化境了。

　　山人 41 歲，曾於「湖西精舍」為「桂老」畫〈梅花圖卷〉[16]。繪有芭蕉、枇杷、靈芝、雪松，均為山中常見之物。此畫道光年間為「江右山人」所藏，但收藏者並不明白繪者究竟是誰，僅就觀畫直感，認為畫作「筆筆超脫」，「非名家莫解」。這是「內行看門道」的精準之評，說明山人 41 歲繪畫已走向成熟境界。

　　山人 46 歲時，有一幅為「孟伯辭宗」書寫的題畫詩軸[17]。詩句為：

> 青山白社夢歸時，可但前身是畫師。
> 記得西陵煙雨後，最堪圖取大蘇詩。

　　詩句為明末祁彪佳憶杭州西湖之作，山人書寫明末殉難名臣的句子贈友，是經過思考並選擇的。清軍渡錢塘江時，祁彪佳自沉於豫園梅花閣池中，為國殉節，並留下了「含笑入九泉，浩氣留天地」的絕命詞。贈字的人，接受贈送的人，對於死難的忠貞之士均有理解，這樣，這幅字便是明遺民之間內心情緒的秘密交流，但不著痕跡。就書法看，重視運筆用墨，筆法純熟，蕭淡縱逸，精神內斂，注意藏峰。追求平淡意趣，近似董其昌書風。應當說，這幅字代表山人早期書法面貌，進入晚年，山人書風又有

16　〈梅花圖卷〉現為北京故宮博物院收藏。《藝苑掇英》17 期有印件。
17　山人此幅書法為美國王方宇收藏，見《八大山人書法集》（一）。

很大變化。

山人 52 歲作〈梅花圖軸〉，今傳世。9 幅圖畫中，這樣一幅最值得注意，畫中題句為：

> 三十年來處士家，酒旗風裡一枝斜。
> 斷橋荒蘚無人問，顏色於今如杏花。

顯然，這是自喻詩。畫面的構圖十分別致，向上的梅枝直如大纛，逸出的梅枝宛如交接的兩根竹竿，長而且直，構成一幅幾何圖形，上綴梅花數朵，山人此時進入禪門逾 30 年，「三十年來處士家」，是歷史，「酒旗風裡一枝斜」，有浪漫情趣，山人此時已有畫名，從遊求畫者不絕於門。一枝逸出，花並不多，但招徠遠近。後兩句隱見凡心已動，頗想結束 30 年來枯寂的僧侶生涯，這幅畫作於康熙十六年（1677）重九後二日，一反早年畫作朦朧隱約意境，屬於寫意畫的傑作，也無妨看作是二年後佯狂還俗的先聲。

裘璉與胡亦堂

步入中年，山人交遊日廣，其中有一位以詩會友的知己，便是裘璉。

裘璉浙江慈溪人，國變之年出生，屬於山人晚輩。裘生有詩才，字殷玉，擅作雜劇，是一位思想甚為活躍的青年才俊。裘生的岳父胡亦堂任江西新昌縣令，時在康熙十年（1671）左右，裘璉隨同至贛，拜會名人，於是結識了奉新山中以詩畫聞名的雪個和尚。他在〈釋超則詩序〉中云：

> 往歲壬子客江右，猶交蘆田雪個。

　　裘璉結交山人，實際上是一位年輕的讀書人仰慕一位在藝術方面極有造詣的僧人，是山人的崇拜者。山人認識並交接裘璉，並且進一步結識胡亦堂，促使他下半輩子改變了自己的生存方式，裘璉與胡亦堂是兩位關鍵人物。裘璉有一首〈留雪公結廬新昌〉詩，意思是說，山人在接近 50 歲的年紀，曾經應約從奉新趕到新昌去拜會裘璉，當然也便與胡亦堂結識。翁婿二人熱情地款待僧人，安排他在新昌小住。一位現職的百里侯，安排一位僧人的衣食，或在某寺掛錫，或安排在衙門園內書齋安居，談詩說畫，對奕撫琴，都是很方便的事。山人受邀逗留多日，情緒應當說是非常愉快，在新昌住了約一年的時間。裘璉因家事曾有求於山人，山人為裘氏作〈生妣劉儒行狀〉，署名雪個，史誌有載。

　　就政治態度分析，胡亦堂屬清廷官員，裘璉日後成為進士，為清人所用，山人樂於與他們交往，這就和漸江不同，和髡殘不同。同為亡明遺民，漸江只與商人交往，不與官府交往；髡殘只與為清廷所棄用的官員交往，不與在位的官員交往。他們不與朝廷合作的態度非常明顯。山人不同，山人對官府既保持適當距離又不拒絕適當接觸，推究原因，應當說與時代有關。應邀去新昌是在康熙十一年（1672），明亡已近 30 年，天下大定，清廷若干關切民生的舉措，逐步使社會獲得安定，清政權在民眾中的形象，正在逐步改變。歷史人物政治態度的分析，不可脫離時代。同時，裘璉才氣逼人，語多警策；胡亦堂雅馴可親，富山林氣息，非一般利祿中人可比，也是原因。康熙十四年（1675），胡亦堂改任臨川縣令，在任 5 年。康熙十八年（1679），胡亦堂主持修撰《臨川縣誌》，邀請有山人與山人僧友饒宇樸在內的一批名人至臨川，參與其事。邵長衡的傳記這樣記：

臨川令胡君亦堂聞其名，延至官舍。

山人在臨川，據縣誌載，留有詩作若干首，多為詠景之作。僧俗聚會，詩文為媒。康熙十八年（1679）中秋，胡亦堂宴客賦詩，胡詩下註「上人雪個在座」。載於縣誌。中秋後不久，胡亦堂奉調江蘇，主客自然星散。但是，就在這段時間內，山人忽然變瘋了。

佯狂

山人發狂疾，是在 54 歲至 55 歲之間。當時人的記敘有多種版本。

第一種版本是：

> 年餘，意忽忽不自得，遂發狂疾，忽大笑，忽痛苦竟日。一夕，裂其浮屠服焚之，走還會昌，獨聲倡佯市間。常戴布帽，曳長領袍，履穿踵決，拂袖翩蹮行，市中兒隨觀嘩笑，人莫識也。其侄某識之，留止其家，久之，疾良已[18]。

山人變瘋，達到了三個目的：一是不當和尚了；一是以瘋人面目出現於家鄉南昌（會昌）；一是在侄兒那裡，找到了棲身之地。

第二種版本是：

> 未幾病癲，初則伏地嗚咽，已而仰天大笑，笑已，忽陸跼蹢躍，叫號痛哭。或鼓腹高歌，或混舞於市，一日之間，

18　見清邵長蘅〈八大山人傳〉。

顛態百出。市人惡其擾，醉之酒，則顛止[19]。

瘋癲情狀，歷歷如繪，只是酒可以止瘋，也是一大奇觀。至於第三種版本，則是：

余再遊臨川，聞雪個病癲，歸老奉新。余疑其托而云然[20]。

究竟山人為什麼變瘋？論者說法不一。一種說法是確係生理方面的毛病。這方面的原因不能完全排除，但早年突然變啞，進入老年時又突然變瘋，後來的病狀又都漸漸消失，如果僅僅說是生理方面的原因，很難使人信服。一種說法是，胡亦堂意欲推薦山人參加博學鴻詞科，山人推托，所以變瘋。此說在強調山人不願為清廷服務，可惜的是無史料依據。一種說法為山人與胡亦堂友善，胡亦堂遠調，山人抑鬱，因此發瘋。此說何據？也不合常情。

熟悉山人脾性的裘璉的判斷是對的：「托而云爾」，裝瘋罷了。

解鈴還須繫鈴人，山人當時為何變瘋？還是應該在山人詩文蹤影中尋找。到了 72 歲的暮年，山人題畫詩中涉及兩個宋代裝瘋之人。一個人叫甘風子，一個人叫三朵花。

還將細筆作生涯，頭面于今也不差。
陽狂恃酒甘風子，一去房州三朵花[21]。

據鄧椿《畫繼》，宋代關右有位甘風子，是位畫家，佯狂好

[19] 見清陳鼎〈八大山人傳〉。
[20] 見裘璉〈釋超則詩序〉。
[21] 山人此則題詩，見於上海博物館藏《花果冊》（之一）

罵，落泊市廛，酒後作書畫，又往往畫畢即毀。又說房州有異人，能作詩賣唱頭戴三朵花，能畫，人莫知其身世。這首題畫詩可以看作是山人的自白吧，到了晚年，能書能畫，瘋癲一節，不過是學的宋人甘風子，學的房州三朵花罷了。

山人還用過一方閑章：「掣顛」。山人日後致石濤函云：「苦瓜子掣風掣顛，一至於此哉。」

瘋與癲，不是固有的生理現象，是「掣」的結果。不得已的變態行為，出於內心之極度痛苦，只可為同宗訴述，不足為外人道也。

第八章　以「驢」為號

後更號曰人屋、曰驢屋驢、曰書年、曰驢漢……

——邵長蘅〈八大山人傳〉

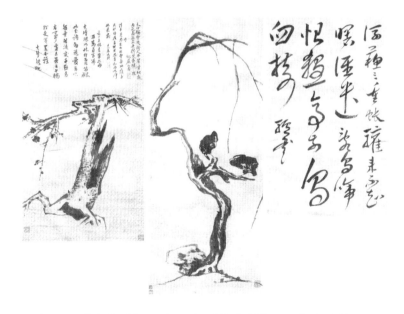

八大山人《古梅圖》八大山人《花鳥圖》　八大山人詩

古梅圖

　　山人重返南昌，「瘋癲」之疾很快就痊愈了。一直到逝世之年的 20 餘年中，舊病尚未復發。只是，行為多少有點乖異，明顯不過的是自稱為「驢」。

　　山人署「驢」的時間大約從 56 歲到 58 歲，歷辛酉、壬戌、癸亥三年，有這三年明確記年的作品，大都署「驢」。其中，最為引人注目的作品，便是壬戌（康熙二十一年）春日所作〈古梅圖〉，古梅枯幹朽枝，但在朽枝上已綻出了新花。此圖現存北京故宮博物院。

　　構圖奇特，了解山人身世與思想狀況的人不能不聯想到：這是不是 57 歲苦難王孫的自許自況呢？主幹已枯，根下無土，是不是指土地已被別人占領去了呢？署年為「壬」、「壬小春」，只署天干，不署地支，是不是說有天無地、國土業已喪失了？元末鄭思肖畫無根之蘭，以寄故國之思，山人畫無根之梅，而且在題句中有「思思肖」字樣，是不是也是寄托故國之思呢？

>　　分付梅花吳道人，幽幽翟翟莫相親。
>
>　　南山之南北山北，老得焚魚掃口塵。

　　題句中謂梅有傲骨，這是不肯仕元的高士梅花道人吳鎮之梅。下兩句仔細推敲，寫得非常大膽，說是彼此不能同道，總有一天，如武王伐紂，焚魚告天，如何如何了。這樣理解，符合山人原意嗎？

　　圖的下端，有一位後來的「朝漢」先生，書〈百字令〉，為山人於圖中署「驢」及「驢屋驢」作感喟語，甚為有趣，上半闋云：

休哭笑，孫為驢，祖忌猜，埋姓氏；

生死徒，鳥獸群，心是佛，證文殊。

驢之號

　　山人以「驢」自號，在書法作品上用「驢書」印，在畫幅上用「人屋」名，鈐「驢屋人屋」印，時在第二次婚姻失敗之際。為什麼以「驢」自號，見仁見智，解說種種：

　　一種說法是耳大，耳大便自稱「驢」。一種說法是名「朱耷」，「驢」便是「耷」的形象稱謂。一種說法是自虐，當過和尚，人稱「禿驢」。對的，我就是「驢」。還有一種說法是自疚。曾用印「技止此耳」，可能指繪畫技術如此而已，也可能指志士抗清，血染沙場，而山人自慚，徒然以書畫糊口，無力回天，如黔驢之技而已。

　　我要說點自己的看法，山人憤而自稱為「驢」，可能與婚姻解體有關。未必是政治方面的激忿之辭。驢是無用的象徵，驢也是勤勞的象徵，自名為驢，一輩子為人辛苦，有一種幽默感，未必便是自賤。這個稱號用了 3 年左右，以後不再自署，說明也是一時心血來潮，待到心氣平和時，便另列別號了。

第二次婚姻

　　國變之前，山人有妻有子，據宗譜，子名議沖，字何緣，但是，「數年，妻子俱死。」妻子，可以理解為妻與子。山人的第二次婚姻在 55 歲以後的康熙二十年左右。

　　婚姻前期，山人的情緒是很愉悅的。他有這樣一首詩：

　　流蘇三重帳，歡來不知曙。誰遣亂鳥啼，恨殺亭前烏臼樹。

詩風近於魏晉樂府。30 年前清寂的宗教生活一旦結束，有人性解放之感。內心的愉悅無法控制。一改往日作詩啞謎式的傳統，寫新婚夫婦清晨貪眠，明白如話。遺憾的是美好的時光稍縱即逝，漸漸地變為夫婦間的「十日九不俱」，以致發生婚變。

　　　　強言共寢食，十日九不俱。桐花夜夜落，梧子暗中疏。

　　可以這樣理解，作於這一時期的山人的這首詩，是婚姻逐漸解體的告白。前兩句實寫，後兩句暗喻。入詩文詞需要雅馴，「桐花」與「梧子」使人產生許多聯想。山人命運多舛，晚年失敗的婚姻對於他的精神世界是又一次打擊。這一時期，他用過一方閑章：「何負」。難言之隱，大概便是「我不負人人負我」吧。

　　此一時期，山人的梅花圖上還有一首以「夫婿殊驢」署名的〈易馬吟〉詩，也可看作是婚變情緒的宣泄：

　　　　夫婿殊如昨，何為不笛床？如花語劍器，愛馬作商量。
　　　　苦淚交千點，青春事適王。曾云午橋外，更買墨花莊。

　　這首詩運用若干典故，例如漢樂府〈陌上桑〉，趙孟堅不肯仕元故事，以及前人踞床歡笛之俗等，宣泄了山人的惆悵之情，情人去了，友人也去了，情人之去，是因為改變了初衷；友人之去，是以名節換取了祿位。此情此景，古梅朵朵冰花，化成了點點苦淚。君不見古梅之圖主幹業已摧殘，獨有一枝逸出，冰花點點。這點點梅花便是末路王孫悲嘆人心已去的點點苦淚啊。變的變了，走的走了，唯有一人依然故我，不肯改變自己，不勝悲涼寂寞之感。這首詩意象連綴，感時傷懷，一唱三嘆，言此而觸彼，吟及個人遭遇而又似心憂家國，妙在可解與不可解之間。

再至青雲譜

　　山人 60 歲左右是在青雲譜度過的。他被尊為「主持」，主編《青雲譜誌略》，編訂著述經典，與同道闡述「淨明」教義，他把這一段時間的生活看作是「全身放下」的「三山仙境」[22]。約於 60 歲時，畫家曾為他作過一幅肖像，有一位王澤宏先生為畫像作贊，這樣說：「其棄家也為田沉大海，其修道也為身覺黍珠。」田沉大海便是僧，出家當了和尚；身覺黍珠便是懷念亡明，用的是《詩經‧黍離》故事。

　　山人 60 歲左右，寫過一本《黃庭經》，十三頁，還以「八大山人」署名寫過一本《內景經》，十二頁。再跋署年「甲子七月」，即 59 歲時，屬道家養生修煉之說。寫這類經典的時間，係再至青雲譜並任住持期間。

---

[22]　參考李旦〈八大山人生平事略及有關問題考證〉文，見《八大山人研究》（第一輯）。

第九章　八大山人

邀月過三更，未成春山影。

哭之又笑之，徹悟一身淨。

──王伯敏〈渾無斧鑿痕〉

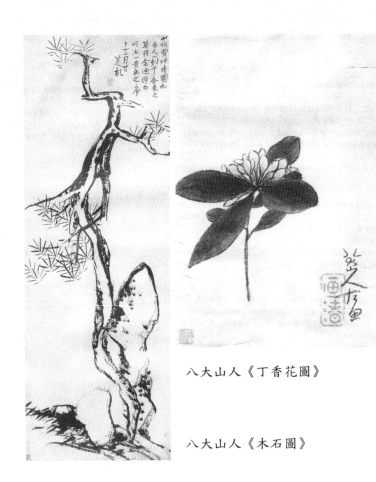

八大山人《丁香花圖》

八大山人《木石圖》

　　山人自號八大山人，這個名稱起於何時？含義是什麼按照目前的研究成果，通常的理解應當怎樣？這三個問題應當逐一闡述。

　　關於起始時間有多種說法。

　　最早的起始時間，有始於「甲申後」，即國變以後的說法。張庚在《國朝畫徵錄》中說：「甲申後，號八大山人。」張庚是乾隆年間人，距離山人在世時間稍遠一點。

　　還有一種說法，山人於 23 歲在介岡為僧後，自號八大山人。龍（隆）科多的〈八大山人畫記〉說，「山人初為高僧，常持《八大人覺經》，遂自號曰八大。」

　　還有一種說法，40 歲以前，山人已自稱八大，語見周體觀〈青雲譜道院落成記〉，前章已述。

　　影響較大的說法，是在山人自號為「驢」以後，最後自號八大山人。邵長蘅與陳鼎的山人傳記，都持此說。我們目前所能見到的八大山人書畫，以「八大山人」署名最早的時間是康熙二十三年（1684），即甲子年，即山人 59 歲時。其一為〈花竹雞貓圖冊〉，北京故宮博物院藏；一為〈行楷內景經冊〉，美國王方宇藏。這樣，持晚年自號說者甚多。

　　至於「八大山人」的內容，有四說：

　　一種說法是「四方四陽，皆我為大，而無大於我也。」這是陳鼎的說法。

　　一種說法是「朱」的一部分。兄姓「八」，弟姓「牛」，二者相合為「朱」。這是當日民間的說法。

　　一種說法是「驢」的形象。「八大山人」印章類似「驢」的形象，後代論者認為是驢的化身。

　　還有一種說法，八大山人先期類似「哭之」，後期又類似「笑之」，總體說來，是哭之笑之。本章引詩可參看。

　　眾說紛紜，著書人是什麼意見呢？博採眾長，可以這樣理解吧：山人以「八大」自號，係為佛經所啟發，起始於早年的隱名時代；弟兄均無奈遁入空門，朱門絕後，又不勝依依，於是拆字為名，在血腥恐怖時代，暗示未忘祖宗家業。但在禪服未褪之時，不便以塵俗面目示人，書畫多署僧名。還俗以後，不便再署僧名，開始署「驢」，宣洩不平之氣；心氣逐漸平和以後，定名「八大」，直至終年。至於哭笑，至於驢形，那是揣摩山人晚年心理狀態的合乎實際的理解。

第十章　夜雨北蘭寺

山人舊是緇袍客，忽到人間尋筆墨。

少陵先生惜不在，眼著誰復哀王孫。

——羅牧〈贈八大山人〉

八大山人《花鳥圖》　　　　　　八大山人《孔雀圖》

僧友澹雪

山人返回南昌，當然，南昌已無弋陽王府。先是寄居族侄家，後來移居，朋友說是「近日移居西埠門」。西埠門即西便門，後來改成惠民門，平民雜居之地。「忽到人間尋筆墨」山人有書畫名，便以筆墨為生。

此時距離明亡已 40 餘年，故明宗室子遺的生存危險業已逐步減弱。但是他人刀劍在手，防身的保護色不宜抹去。這樣，以書畫為媒，與平民、巨商、達官、畫友、宗教界人士交往中，涉及身世，知己以外，總是啞口不言；在書畫中從不涉及本姓本名，不傳達個人信息，只是以「八大山人」作為符號而已。

在山人書畫的欣賞者中，有一位僧人，即北蘭寺住持澹雪，他邀請山人為寺壁作大幅壁畫。北蘭寺在南昌城北，是一處規模相當壯觀的廟宇。澹雪是浙江人，也是一位文化人，山人非常欣賞這位和尚的一句詩，叫做「黃鳥一聲酒一杯」。可見這位和尚的生活偏於浪漫。因為善於交遊，鍾情文化，寺廟在佛屋之外，還陸續建有綿津書屋、秋屏閣、列岫亭、煙江叠嶂亭等，寺廟不僅常有佛事，也常有文事。山人曾經寫過一封信給友人方鹿村，敘述他在北蘭寺作壁畫情形：「王郎在座可會得？山人出沒在此南屏裡，畫未有艾也。」並向鹿村致謝。壁畫是一項規模甚大的繪山繪水的宗教畫，不是一天兩天能完成的。作畫當然是有償服務，介紹山人包攬這一項工程的是鹿村，所以要向他道謝。

遺憾的是，在山人暮年，澹雪得罪了新建縣令方峨，據《江西通誌》，淡雪「狂大無狀，事其不法事而斃諸獄。」從事何種「不法」事？語焉不詳。澹雪一死，北蘭寺亦毀，山人晚年便失去了一處南昌雅聚之所。

畫友羅牧

羅牧，江西寧都人，山水畫家，他的畫較山人出名為早。八大山人在私函中，稱他為「飯牛老人」，可見年齡方面，羅牧為長。羅牧是個交遊廣闊的人，和南京的龔賢。蘭陵的惲壽平交誼均深厚。他和八大山人性格不同，極隨和，一方面是遺民，一方面與清廷若干官員交往密切。他與北蘭寺有來往，寺中有「煙江疊嶂亭」，他繪有〈煙江疊嶂圖〉，描繪贛江及境西北諸山景色。八大山人曾為羅牧畫冊題過詩，詩云：

> 遠岫近如見，千山一畫裡。坐來石山雲，乍謂壺中起。

詩有道家意趣。羅牧也曾為八大〈水墨蘿菔冊〉某頁題過詩，寫的是一首唐詩，彼此惺惺相惜。

羅牧住城中百花洲。百花洲原為南宋節使訓練水軍故地，水面遼闊，舊稱東太湖，亦稱東湖。八大畫名日盛，羅牧與八大曾聯絡組成東湖書畫會，開西江畫派先聲。當時參與畫會的，有熊秉哲、徐煌等 10 餘人。

羅牧與宦府交往頻繁，當時與臨江知府喻成龍與江西巡撫宋犖熟悉。書畫為媒吧，於是，喻成龍與宋犖先後與八大有了交往。

巡撫宋犖

明亡 40 年後，遺民與清廷官員的交往不再是一件稀奇的事。清政權漸漸地為各族士民所接受，重要的事是要天下大治，識時務者為俊傑，氣節不再是熱門話題。八大山人在先與胡亦堂、後與喻成龍的交往中發現，在清廷作官的人並不都是想像中的那不堪，他們中的許多人有學問、有才藝、有抱負、有見識，屬於人中龍鳳。

清初官場有二「成龍」，一為於成龍，一為喻成龍，官聲均佳。於成龍曾在沿江一帶作官，後任直隸巡撫，曾被譽為「於青天」、「於青菜」，又被譽為「天下第一清官」。 喻成龍也是受到萬姓擁戴的官員，八大山人名聞遠近時，喻任江西臨江知府。臨江轄新余、新幹、峽江諸地，在江西中部。喻成龍至省城時，曾至北蘭寺拜望山人，彼此甚為投緣。喻寫過一首〈西江草·古意贈八大山人〉，其中有這樣的句子：

> 君不見太行鹽車服赤驥，顧盼不前淚墮地；伯樂攀轅意泫然，俯仰蕭蕭鳴向天。君不見崖前孤松挺直幹，蒼棱交錯凌霜散；人生貴乎有知己，草露浮名何足羨。且復沽酒歌蔽廬，風檐曝背讀古書。

喻氏是為權力人物，但是寫給八大的詩倒像是陶淵明寫的詩，沒有功名利祿味，沒有踞傲氣，頗具隱逸情致。他用平等的態度對待山人，對山人的人品與藝術一往情深。讀詩可以體會到，二人身份不同，但彼此還是很理解的。

宋犖不同

宋犖於康熙二十七年（1688）任江西巡撫。一任 4 年，時在山人 63 至 66 歲間。宋犖風雅，常去北蘭寺，北蘭寺的「綿津書屋」便是以他的號為名的。他自稱綿津山人。他常去北蘭寺，自然認識八大山人，也向八大山人索過畫，但八大山人厭惡他，對他的印象不佳。

某日，宋犖邀請羅牧和八大山人到他的衙齋赴宴，八大山人借故推辭，在給一位姓方的密友私函中這樣說：

昨有貴人招飲飯牛老人與八大山人，山人已辭著屐，老人寧無畫几席耶？山人尊酒片肉之歲辛於此耶？遇老人且莫為貴人道[23]。

八大山人對貴人（宋犖）的厭惡可見一斑。山人推辭赴宴之請，可能是厭惡貴人憑借權勢，無休止地索畫。酒食招待是幌子，索書索畫是目的，進了官衙，便身不由己。山人習慣於胡亦堂、喻成龍那一類尊重別人、平等待人的官員，彼此相處融洽；不習慣與以大官、大儒身份居高臨下的官員相處。山人厭惡宋犖，還畫過一幅〈孔雀圖〉[24]，論者多認為此圖諷刺宋犖。畫面繪懸崖前，兩隻其貌不揚的小孔雀立於危石之上，題句為：

孔雀名花雨竹屏，竹梢強半墨生成。
如何了得論三耳，憐是逢春坐二更。

前兩句是實寫，宋犖當年衙中確實養了兩隻小孔雀，廳中又設置了「玉版淚痕結」竹屏。孔雀在說些什麼？第三句借宋初別人譏笑聶崇義的話說：你縱然有三隻耳，可是你並不聰明。兩隻孔雀就是議論這件事。兩隻孔雀這麼緊張地立在危石上幹什麼呢？詩裡說：你不看見孔雀拖著花翎嗎？做了奴才，就得服侍主子，春日二更天就得起來，戰戰兢兢地等著上朝呀。明顯不過，這幅畫是諷刺「貴人」之畫。

八大山人為什麼如此厭惡宋犖呢？從畫面及題詩，明顯不過的是下列兩點：

一、宋犖很自負，自號「西坡老圃」，與蘇東坡齊名。向八

23　見《藝苑掇英》19 期：〈八大山人致方士琯手劄十三通〉。
24　係軸畫。據言，為劉海粟先生收藏。

大山人索畫，表面恭敬，骨子裡卻以大官、大儒自居。八大山人不以為然。

二、宋犖是官場炙手可熱人物，汲汲於功名富貴。八大山人厭惡這種人。

當然，還可以從其它角度分析，譬如說，宋犖屬「二臣」之後，宋犖在南昌曾經鎮壓抗清義軍，因而招致八大山人厭惡，等等。這是屬於政治態度的分析，屬於推論。確論則需要直接的佐證，需要依據。

如果當年宋犖見到過這幅畫，以宋犖的地位與性格推測，他會作出反應。現在未發現這方面的資料，估計，他未必知情。

文友邵長蘅

北蘭寺僧澹雪熱情，經常為八大山人介紹文友。某日，為山人約見慕名來訪的邵長蘅。

邵氏江蘇武進人，著作甚豐，頗有文名。但懷才不遇，是位屢試不中的落拓書生。生計所迫，不得不奔走權門，但為人變通，在官員與遺民兩方面，都有可以傾心相托的朋友。康熙二十七年（1688）左右，邵氏「客南昌」，希望拜見山人。山人知道邵氏梗概，同意見面。約定於北蘭寺見面的這一天，「至日大風雨」，邵長衡因為山人不會應約了，但是他又乘轎子前往看看情況，想不到的是，八大山人早已至寺，在雨中等候，於是，二人「相見握手，相視大笑。」

邵長蘅較山人年幼，是個很誠懇的人，他向山人傾吐仰慕之情，山人動容，如實回答他的種種問題。二人談至深夜，據邵氏描寫，「夜漏下，雨勢蓋怒，檐溜潺潺，疾風撼窗扉，四面竹樹

怒號，如空山虎豹，聲淒絕。」悲慘人生，暴雨之夜，驚心動魄。
二人共宿寺中，徹夜長談。山人語言不十分清晰，可能是鄉音隔
閡，可能是情節過於曲折，也可能是有口吃之疾，「輒作手語勢」，
用肢體語言助說話。邵氏索山人詩披閱，山人不肯出示，讀解畫
句，又常說「不盡可解」。山人的文字給邵氏的印象是「如晉人
語」，簡淡而意境深遠。

　　邵氏注重山人形象，他的記錄是「面微頳，豐下而少髭。」
臉色微紅，鬍鬚並不茂密，與個山小像相合。風雨北蘭寺，他的
生花之筆為後人留下了準確而傳神的訪問記。遺憾的是語焉不
詳，有的可能是違礙未錄，讓後人繼續猜想。

第十一章　簡筆花鳥畫

愈簡愈遠，愈淡愈真。

天空墜古，雪個精神。

──何紹基《穰黎館過眼續錄》題句

八大山人《梅花圖》

八大山人《花鳥圖》　　八大山人《鹿圖》

八大山人《魚圖》

簡筆禽鳥

　　欣賞八大山人的簡筆畫，需要從欣賞山人的書法入手。山人書法，圓潤而精神內斂，有「古厚」之目。山人的古厚之筆移用於畫面，寥寥數筆，傳物象之神，精妙絕倫。寫意畫重簡，但簡非簡單，而是簡練，要能簡而妙，要以極簡省的筆墨傳達意境。寫意畫惜墨如金，但又點墨成金。一筆有一筆的用處，一點有一點的用處。

　　山人畫鳥，經常借鳥表達人的情感。他畫過一隻一腿獨立的鴝鵒，即八哥，形象極為可怖。山人早年畫鳥眼多去方形，眼大，

顯示憤怒、傲慢、不屑，此鳥則低首沉思，自理羽毛，但鳥眼圓睜，懷警惕之狀。鳥的形體也特別，背部隆起，如山丘；尾翹起，即便棲息時也呈緊張狀態，短暫的寧靜預示著周圍布滿殺機；一足獨立，呈驚險駭怖之狀。以孤鳥展示當年時代氛圍的肅殺之氣，堪稱神筆。

　　他畫強項之鳥，也畫孤寂之鳥。傷心之鳥。他畫兩只鵪鶉，作失魂落魄狀。題句說，這兩隻鳥是供人娛樂的爭鬥之物，鬥爭時為小兒誇讚，卻不明白自身命運的悲慘。他還畫過〈枯木孤鳥圖〉，畫白頭翁鳥，題句說：「鳥自白頭人不識，可堪題向白頭人。」一語雙關，借鳥寫人生孤寂之感喟。他又以雪景中繪相思鳥，一稱雪姑鳥，說是「大雪小雪籠中鳥，只為旁人喚雪姑。」一生抑鬱，如在牢籠。山人借鳥抒發什麼樣的屬於個人的相思之情，使人遐想。

　　山人也畫雄健清新之鳥，如鷹。山人有多幅鷹畫，或雄視八方，或振翅欲飛。有一幅鷹圖，山人題句借〈莊子・逍遙遊〉典故，說蜩與凡鳥不知大鵬之志，大鵬之志在於南飛，一飛沖天，擊水三千里，扶搖九萬里。他畫雄健之鳥，眼睛裡傳達的感情很豐富，姿態生動，精神非常飽滿。

　　他也畫恩愛之鳥。兩鳥相望，雙目傳情，彼此有憐愛之狀，極富人情味。

簡筆花卉

　　進入暮年的山人，經常畫枯幹獨朵的梅花。老梅一枝業已衰朽枯槁，不再光鮮，但是到漫天大雪、百花雕零時節，醜陋的老幹上伸出展現生命的枝條，寒風中搖曳著美麗的花苞，盡管只有

一朵兩朵。粗與細，美與醜，形成和諧的統一。枯枝新花，刪繁就簡，達到了極致。

山人的簡筆花卉，後人評為「塗來樹莖不枯淡，隨意毫端筆潤新。」還有的人說他「善寫意花卉，奇奇怪怪，巨幅不過朵花片葉，善能用墨點綴。」他的筆似乎是神筆，幾根蕭條組接起來，便有了活潑潑的生命。他畫的一只梅瓶，瓶內插了一枝菊花，瓶子似乎很粗糙，器型也不規則，但是六朵菊花抑揚有致，媚態迎人，神韻天然。寥寥數筆，筆墨隨心。堪稱畫中絕唱。

山人作小幅畫，也畫屏風通景。遠看一組屏風盡是墨團，濃濃淡淡，中間似乎有細絲聯接，近觀才明白，是一塘荷花，清風徐來，水波流動，生機勃勃的荷葉遠遠近近，搖曳生姿。走近畫屏，如人入塘中，波光粼粼，含苞待放的荷花笑靨迎人，滿塘荷葉清香撲鼻，神乎其技。

就在山人與邵長衡夜雨北蘭寺徹夜長談之年，畫丁香花，與常作之寒梅獨朵不同，筆法圓渾，造型準確，花朵著淡紅色，嫵媚動人，花葉厚實，濃綠欲滴。就畫趣看，這一段時間山人心境較為愉悅，在花卉描寫中有所寄托。

簡筆蔬果

蔬果屬於山人畫作常見題材，在傳世畫作中，能見到的有芋、茄子、山芋、栗、西瓜、木瓜、佛手、香櫞、桔、石榴、荔枝、葡萄等。山人蔬果畫有三個特點：一是借物抒情，內涵相當深遠；二是引經據典，文史與植物學兩方面的知識都相當豐富，三是用筆甚簡，某些畫面造型相當奇特。

山人畫過多幅西瓜，他在題詩中有時稱西瓜為「東陵瓜」，

有時又稱「青門貽」。不同的稱謂都涉及一個人：亡秦故臣召平。召平曾經是東陵侯，入漢後，在青門種瓜，不忘故國。山人畫西瓜，說這是一千多年前的召平西瓜，一般人是不理解的。只有會心人細細體會，會知道其中深意。

山人畫過一只大南瓜，上圓下尖，奇怪的是尖頭著地，欹而未倒。更奇的是南瓜上有一隻向前奔跑的小松鼠，背脊隆起，長尾平展，面臨「懸崖」，不知所措。這一幅南瓜松鼠圖給欣賞者留下寬潤的想象空間；是不是揭示某一種險惡的形勢？是不是諷刺某一種人？是不是圖解老子或者莊子某一種寓言，是不是圖示某一類神話？是不是僅僅表達生活中的某種趣味？可以有若干種答案，但是標準答案是什麼？山人只有圖象，並無題句解讀。

山人畫過荔枝，題詩中有「白饒法石禪家院，綠色勤鉆虎豹皮」的句子。一般人讀山人這幅畫和這幅畫的題句，簡直如讀天書，不知所云。讀懂這幅畫需要熟悉荔枝譜，法白石、綠核、虎皮是荔枝的三個上佳品種，山人把這些荔枝與禪門聯繫了起來，構成了這幅圖象。山人的圖畫中，不僅反映了時代特色，反映了政治態度，往往也包含了許多科學知識，不讀書與少讀書的人，理解起來就有困難。

山人還畫過葡萄，有趣的是，山人把葡萄與諸葛亮聯繫了起來，在題句中有「高歌得上武侯祠」句。諸葛亮和葡萄有什麼關係呢？可能是受贈之人是四川人或者是即將去四川之人，也可能作畫之前主客述及三國故事，述及武鄉侯。繪畫因時而發，山人在葡萄畫上大唱諸葛亮的贊歌，必有緣由，只是題跋中未詳述，留下謎團了。

後人評山人畫，公論是「以簡略勝」。楊翰說，山人的畫往

往「全幅無數十筆，古厚之氣，人不能學。」天下無不可學之事，所謂「人不能學」，是由於缺乏那種氣質，缺乏那種學問，學是學不上的。美術造型中，繁簡比較，簡筆較繁複之筆尤難。畫面繁複，很費功力，但不足處可以遮掩；簡筆不同，不足處無法遮掩。簡筆易薄，難得的是寥寥數筆，古而厚，神韻俱出，無一敗筆。

簡筆其他動物

山人喜歡畫魚。在山人今日傳世的種種魚畫中，有鯰魚、鱖魚、蜓魚、鯡魚、鮎魚、鱅魚、鯔魚、鯉魚、河豚、黃頰魚諸種，後人評論山人魚鳥畫的特點是「失群強項傷心鳥，張口無聲瞪眼魚。」平常人看魚，著意於魚身；山人畫魚，著意於魚眼，通常眼睛向上，顯得自在而自傲，這就不是畫的魚，而是畫的人了。他畫的魚，通常只有幾筆，用簡單的線條勾勒魚形，區別不同魚種。他畫的魚通常顯得自由而活潑。魚在水中，他於題句中常露欣慕之意。

山人喜歡畫鴨子。他畫五隻鴨，在水中奮力遊動，用筆甚簡。五隻鴨體態各不雷同，形成和諧而強烈的動感。頭鴨清瘦而靈動，遊動極快。尾鴨肥碩而凝重，努力追趕，中間幾隻「隨大流」，或前或後，神態各不相同。每只鴨的描繪不過寥寥數筆，簡而傳神。

山人有多幅貓畫。他畫貓，不僅是如一般人對寵物的喜愛，點綴生活趣味。而是與人文故實，與禪家話頭連綴起來。譬如他於66歲畫的一幅〈貓石圖〉，寫貓立於高高的條石之顛，弓身俯視地面，在躲避某種危險。題句中涉及南泉普願禪師的一段禪語，

禪語中涉及貓的故事，此時，山人已離開佛門，回憶往事，說是「雲去雪消三十春」，他做和尚前後有 30 年時間，現在已結束了。在那 30 年中，通常都是在思考這貓兒的前世今生，還有未來會變成什麼？

　　山人喜歡畫鹿。主要在晚年，目前有圖幅保存於世可考者，在 10 幅以上。創作時間有年齡可考的通常是在 73 歲至 77 歲之間。鹿與「祿」諧音，屬於祥瑞之獸。山人的鹿畫通常是鹿回頭仰視飛禽，眼神專註，構圖別致，比例恰當。因為鹿回頭。鹿身呈圓弧形，與同樣呈圓弧形的老樹山崖相映成趣，構成優美的畫面，有和諧之美。

第十二章 還寫舊山河

郭家皴法雲頭小，董老麻皮樹上多。

想見時人解圖畫，壹峰還寫舊河山。

——八大山人〈題山水冊〉

八大山人《山水圖》　　　　　八大山人《山水圖》

敝帚敗冠畫山河

　　山人作山水畫，多在返回南昌以後的晚年。現在能見到的署年最早的山水畫，應數〈繩金塔原眺圖〉，署年辛酉，那一年他56歲，「驢」款。故里物是人非，作畫寄山河易色之慨，山人作畫，當日民間有許多傳說。據陳鼎記，別人知道他好酒，請他喝酒時，備「墨汁數升，紙若干幅於座右。」山人酒酣，「欣然潑墨」，他先取破掃帚蘸墨在宣紙上橫掃一番，然後用一頂破帽子沾水沾墨在宣紙上勾勒點染，最後，「提筆渲染，或成山林，或成丘壑，花鳥竹石，無不入妙。」畫人興來時洋洋灑灑，高興時狂呼大叫，並不言語。酒醒後畫興已過，別人雖以重金相求，山人則閉目搖手，不肯執筆。

　　傳說有道理。作畫需要靈感，作潑墨大寫意畫往往先要塗抹。只是，用敝帚敗冠作畫，有點誇張，神似而已。山人晚年以畫謀生，這就不能不適應市人趣味，但是，由於山人是個極有見解、富於個性之人，他又常常與市人交往中自樹其幟，不肯牽就別人。有位「東老」，是書畫買賣的中間人，有位縣官，是購畫人，山人致「東老」函云：

> 承轉委縣老爺畫，四幅之中止得三幅呈上。語云：江西真個俗，掛畫掛四幅。若非春夏秋冬，便是漁樵耕讀，山人以此畫三幅，特為江西佬出口氣，想東老亦心同之，望速指去為感[25]。

　　山人之個性倔強如此。一個藝術倘若缺乏鮮明的個性，他的藝術品也是很難出眾的。山人作畫不肯迎合市場，一時便不易獲

---

[25]　見《藝苑掇英》第17期。

得普遍的青睞。也不容易賣出好價錢。在一幅畫冊中，山人這樣說：「河水一擔直三文」。別人不解，山人在另一畫冊中解釋說，他是引用了某人的典故，是說「曷其廉也」，太便宜了。山人自嘆，辛苦作畫，筆潤太少了。懂得藝術的人都知道，價值與價格並不完全是一回事。山人之畫一段時間內「河水一擔直三文」，是因為和山人之畫不肯媚俗有關係，也和當日的南昌與揚州不同，書畫還沒有形成繁榮的市場有關係。

癲與迂癡，融於一體

山人晚年山水畫作品中，相當一部分標明係「仿」作。在流傳廣泛的作品中，有仿董北苑、仿巨然、仿郭忠恕、仿文嘉、仿黃大癡、仿王蒙諸種作品。仿宋、元、清著名畫人的作品，加以再創造，是清初山水畫家的普遍作法。今人往往以為，仿作缺少原創性，藝術價值不高。其實未可一概而論，這種看法還有商量的餘地。

宋元山水畫，已臻化境，這是明清畫壇的普遍看法。仿作可以仿形，也可仿意。仿意中，可以仿古人之意，也可以借古人之酒杯，澆自家胸中之塊壘，籠統地說仿作無創意，不是科學的說法，具體問題要具體分析。仿古是繼承傳統的手段，為藝術的創造打好根基，這種作用不容否定，只是一味仿古，泥而不化，輕視創作主體思想感情的表達，那就是另外一個問題了。

山人仿古，用張大千的語言來表達，便是「上窺倪黃三百年」[26]。這就是說，山人畫山水，在繼承傳統方面下過苦功夫，他的山水畫不是信手塗抹，不是胸無成竹，不是沒有經過深思熟慮的

---

[26] 張大千《大風堂書畫錄》。

美學追求，論者多以為山人作品「古厚」，「古厚」之因，在於他從宋元諸大家那裡汲取了足夠的養料。

清代初期遺民山水畫家從宋元諸大家多仿倪雲林，山人也是其中的一位。仿古是傳統的說法，在眾多的古代大家中鐘情於誰是有選擇的，身世與遭遇的相似，是最重要的因素。異民族的統治，富貴之家的破落，道家虛無觀念的影響，禪宗玄旨的點撥，使得晚年的山人從倪雲林的山水畫中找到了一個情緒宣洩的突破口。荒寂、冷淡、孤寂、失望的心緒彌漫於畫間，類似雲林，卻又不同於雲林。山人在題畫詩中說過，許多人都學倪雲林，但是畫出來的作品，不是倪雲林，而是他自己。

山人學倪，倪雲林以「迂」名，號「迂道人」；山人學黃，黃公望以「癡」名世，人稱「黃大癡」；山人學米，米芾以「顛」出名，人稱「米顛」。「米之顛，倪之迂，黃之癡，此畫之真性情也[27]。」山人集米顛倪迂黃癡於一身，「上窺倪黃三百年」，說自己是「驢」，是「顛」，是「嫩拙」，是「土木形骸」，形成了他的殘山剩水、地老天荒的山水畫。

剩山殘水，拙美空靈

宋元以來，山水畫風格多樣，或金碧，或富麗，或蒼莽，或淒清。山人之畫，多屬瀟颯、淒清、幽遠、空寂一派，正如黃公望於元初「還寫舊河山」，深懷亡國之痛，這是他獨鐘倪黃流派的個中緣由。不同的是，黃公望寫的是宋家山河，山人寫的是大明山河。山人所繪的山體與石體，多奇形怪狀，有不穩定感；山人所繪樹木，或如冬日凋殘之樹，或如經過颶風雷電掃劈以後之

---

[27] 　清盛大士《溪山臥遊錄》。

樹，殘葉幾片。

山人長於用墨，不管是畫禽鳥，還是畫山水，都有先淋漓灑墨，然後加以勾勒之說。因為長於用墨，石濤便評論說他繪畫的特色是「淋漓奇古」。清代人謝彬說他作畫「善能用墨點綴」；楊恩壽說他作畫時以手搯墨，在紙上塗抹。然後用筆使其成形；李松庵說他「隨意毫端墨潤新」；吳昌碩說他「用墨蒼潤，筆如金剛杵。」吳埴說他「山人畫凡數變，獨其用墨之妙則始終一致。」俞樾說他「和尚筆墨。以墨為法。」畫家與評論家所見略同，都強調他的用墨功夫。

山人的畫，不管是花鳥畫還是山水畫，以簡約空靈取勝，這就是說，他並沒有把他所感覺、所發現的全部的美呈現在欣賞者面前，而是以有限的形象誘引觀者用想象去補充。他的藝術和他的人一樣，是個「啞人」，不說話，沒有什麼語言，但是有鮮明的暗示性，無聲的、潛在的美等待妳去發現，這一點，先輩美學家王朝聞有精到的評述[28]。

28　《美術》1992 年第 11、12 期王朝聞〈我愛八大〉。

第十三章　八十老人

乙之旃蒙，酉之作噩。行年八十，宗道以約。

——八大山人〈畫像自題〉

八大山人《花鳥圖》　　　　　八大山人《花鳥圖》

晚年四方游

山人有永豐之旅。

永豐在江西中部，恩江之陽。《永豐縣誌》云，山人「寓永豐睦岡下程秀才礽，館於其家三年，使其子直方受業」。這三年應當是在還俗以後。永豐有歐陽修讀書講學的西陽宮，有狀元樓，還有古人表達孝心的報恩寺塔。

山人有貴溪之旅。

貴溪在鷹潭以東，今日為貴溪市。《貴溪縣誌》云：「山人遊蹤無定，居貴溪，獨數年。鄭靜庵禮以上客，故得其書畫為多」。貴溪有上清鎮，唐代始建之上清宮遠近知名。鎮中有天師府，漢代張道陵修道於此，四代孫移至附近之龍虎山，府第歷朝興建，達數百間。山人晚年崇道，西接青雲譜，東臨龍虎山，屬情理中事。

山人有羅巖之旅。

羅巖在贛南与都。縣有羅坳，羅坳山中有羅巖，今稱羅田巖。山人有《羅巖獨坐》詩：

> 為愛清秋夜，簾垂五漏時。山虛春小月，雲中壓高枝。
> 露冷蛩聲急，風驚鶴睡遲。旅魂無著處，惟有少陵詩。

就描寫看，住於道院。清秋之夜，推窗看山。月色中清幽山景如詩如畫。只是此詩與山人通常題寫的詩歌詩風不同。

山人有河陽之旅。

山人於河陽作〈木瓜圖〉，詩云：

河陽座上口喃喃，何處遊仙樹不凡。三個木瓜已五個，教
人難畫木瓜罍。

「河陽」為地名，河南孟縣舊稱。屬洛陽北境門戶。山人與
幾位朋友在河陽共聚，座中一人為「木瓜罍道人」。山人繪〈木
瓜圖〉紀念這一次河陽之旅。在羅巖，山人自稱「旅魂」，在這
裡，山人自稱「遊仙」。

山人有湖口之旅。

山人在 66 歲的那一年秋天，即「辛秋」，與陶廣文及潔士遊
湖口，即鄱陽湖通江處。山人寫過〈辛秋陶文廣湖口兼致潔士年
翁四韻〉，記錄遊歷所見：

石谷俄傳山寺堂，石門曾見蓊湖傍。濤垂十丈驚人定，鐘
戴蓮花出馬當。老地各天彭澤宰，能南秀北廣文郎。直須
性習兼禪道，亦可鴻名鳧莫翔。

湖口的報恩禪寺，石鼓、寺鐘、仙人橋、石鐘山、馬當山、
定山，遠處的陶淵明遺跡，詩中都寫到了，山人說朋友精於禪道，
隱於塵世。

山人有洛陽、漢陽之旅。

山人畫過一幅〈三友圖〉，三友即松、竹、梅，祝朋友王翁
即將進入 70 高壽，時在己巳十一月。題中有「八大山人浮白於
洛陽，再浮白於漢陽」句。漢陽有毛子霞所刻〈禹王碑文〉，山
人曾經摹寫。〈三友圖〉題詩中兩處提到揚州，一處是「預白揚
州可放梅」，一處是「成仙跨鶴盡徘徊」，估計這位「王翁」是揚
州人，或者與揚州關係密切。

山人是否有淮揚之旅？

至今論者說法不一。一種說法是與石濤相晤，曾至揚州，有二人合作之繪畫作品為證；另一種說法是山人並未至揚州與石濤晤面，合作之畫係畫商傳遞，二人在南昌、揚州兩地分別完成。符合歷史狀況的確論。還需要有更多的史料來證明。

衰年景況

本章題句係山人 80 歲時畫像自題。張大千先生云，他曾在北平方藥雨先生處見過原件，《藝苑掇英》19 期劉九庵先生文中述及此事，此像屬山人活到 80 高齡的確證。「旃蒙」是「乙」的別稱；「作噩」是「酉」的別稱。語見《爾雅》。「道」為道家之道，山人在乙酉年所作圖畫中，常鈐「可得神仙」印，可為印證。

山人晚年在世親屬，有侄。山人發狂疾返南昌，便是「侄某」收留的。親侄、堂侄還是族侄，後人說法不一。日後山人賣畫，為他奔走的是侄兒，山人一封私函中云：「前著重侄奉謁」，他的侄兒的名字中，有一個「重」字。在又一封私函中說：「窮交得意處，唯是重喜重慶，垂愛為愧。」可知他的侄兒為二人，一為朱重喜，一為朱重慶。按西江朱權世系，傳家排行 20 字中，並無「重」字，二侄何以「重」字排行，尚待考證。

山人有一女。《新建縣誌》云：「山人老死無子，惟一女，適南屏汪氏。」此女倘為前妻所生，山人 80 歲時已老邁，倘後妻所生，山人 80 歲時有可能侍奉左右。

山人南昌之晚年，有一批知心朋友。「東湖書畫會」中往來的才藝之士頗不乏人。只是清初的漢人聚會，不會頻繁，也不可能沒有顧忌。目前山人傳世 30 多封私人信函中，與他交往甚多

的有鹿村、袚齋、省齋、聚升等人；贈書贈畫者尚有斂年老翁、超遠年翁、岱老年翁、退翁、統翁、南高先生、東玉年道兄、鳴年老道兄、名珍年兄、漢老同學、寶崖、蕙崖、繼呂老人等，一一考訂所需篇頁繁多，本章不再贅敘。

山人住處，康熙四十年辛巳（1701），即76歲及其以後，常署「寤歌草堂」。此事在石濤於揚州建大滌草堂之後，有可能是受大滌草堂之啟發，作安身立命之所。山人晚年作書畫常署在芙山房、黃竹園、何園、懷古堂、鰕魱篔軒、晉字堂等，這些堂館名，園林名或疑似堂館園林名，屬於何人？含義何在？給後人留下了深入研究的空間。

山人晚年多病。「連日賤恙，既八還而九轉之。」告訴友人，病得十分嚴重，但是偶然食瓜，病竟痊愈。有的信中說，每日以「參苓、白朮」維繫生命，風燭殘年，景況堪悲。79歲這一年，即甲申年，目前尚缺少山人署年書畫發現，但該年有致方某函，云有手疾。山人80歲時有多幅書畫傳世，但迄至秋日。秋後再無書畫傳世，估計業已逝世。兩年後的丁亥年，興化李驎悼石濤詩下有註：「前年八大山人死」。前年，即乙酉年，可為確證。詩及詩註，見《虯峰文集》。

八大山人歿後，追隨者至山人舊居處徘徊，不勝傷感。曾任知府之葉舟，晚歲居南昌，去寤歌草堂憑吊山人，他有〈過八大山人詩〉：

> 一室寤歌處，蕭蕭滿席塵。蓬蒿藏戶暗，詩畫入禪真。
> 遺世逃名老，殘山剩水身。青門舊業在，零落種瓜人。

山人葬地，據《新建縣誌》，在縣西北三十里處，地名中莊。

乙酉絕筆

　　《藝苑掇英》第 17 期，影印了山人 80 歲時所作之〈書畫冊〉，計 6 開，書畫相雜，內書蘇東坡〈喜雨亭記〉，於第 5 天有自題，題云：

> 今天不遺斯民，始旱而賜之以雨。是坡公一篇大主意。乙酉江右自一月以至四月不雨，閏四月十日乃雨，曉起窟歌草堂漫書一通。八大山人。

　　此冊為唐雲先生藏，保存完好。80 歲的人，關心民生，久旱逢雨，心情舒暢，以老病之身，尚能以純和筆墨，作精美書畫，實在使人讚嘆與景仰。

第十四章　八大山人藝術之評

　　　　　　　　山人有仙才，隱於書畫……

　　　拙規矩於方圓，鄙精研於彩繪。

　　　　　　　　——張庚《國朝畫徵錄》

八大山人　屏風通景

八大山人《花鳥圖》

　　山人書畫，300 年來眾說紛紜，好評如潮。約略梳理，可注意者有下列 5 點，供讀者參看。

墨點無多淚點多

　　山人屬於明清之際的千古恨人，鄭板橋題句云：

國破家亡鬢總皤，壹囊詩畫作頭陀。

橫塗豎抹千千幅，墨點無多淚點多！

板橋所云，指八大山人，亦指屈大均、石濤、石溪、白丁。這幾位都是明清之際曾經被迫為僧，以繪畫著稱的。一方面寄情於「墨點」，一方面是悲憤一生，更多的是不能自禁的「淚點」。八大山人之淚，一方面是遺民之淚，朱明天下今已無存，另一方面是家破人亡的貴族之淚。吳昌碩曾在〈八大山人竹石〉立軸題句云：「石迸竹生根，中有雪個魂。江頭無杜甫，誰賦哀王孫」。八大山人甲申以後夢斷南昌之淚，是「可憐王孫泣路隅」的王孫之淚。「豺狼在邑龍在野」，只好是奉勸「王孫善保千金軀」了。

憤世佯狂，有仙才

清人楊恩壽為山人畫題跋云：「山人玩世不恭，畫尤奇肆」。石濤稱山人「心奇」，說是「心奇跡奇放浪現」，皆指佯狂。說得最明白的是邵長蘅，他說山人胸中情緒，如濕絮遏制火的噴發，如巨石遮擋急流的奔湧，於是，「忽狂忽喑，隱約玩世」。

稱山人有「仙才」的的不只是龍科寶，也不只是張庚。「仙才」不是「凡才」，也不同於「俊才」。明末恨人多矣，能化為形象、寄寓深遠者能有幾人？山人於艱難困苦中成卓然大家，非「仙才」而何？涉獵宗教、禪道，融於藝術，且不著痕跡，非「仙才」而何？

神品花鳥，簡淡古厚

列山人之畫為「神品」的論者甚多。「寫生花鳥，點染數筆，神情別具，超出凡境，堪稱神品。」語出謝坤《書畫所見錄》；「堪

稱神品」，語出秦祖永《桐陰畫論》；「宛如生者，豈非神品」語
出楊恩壽《眼福編初集》。吳昌碩論八大山人畫，說是屬於「神
奇變化，不可彷彿」的「神品」；張大千論山人藝術，說是「初
看頗似草草，細味乃知其神妙獨到也。」繪畫達「神品」境界，
已無尋常規律可尋，筆墨之妙，全憑意到天成，非凡人可及了。

　　關於「簡淡」，「愈簡愈遠，愈淡愈真」之評，可謂至評。至
於「古厚」，楊翰在《畫石軒畫詩》中說山人之畫「古厚之氣，
人不可學。」論山人畫，吳昌碩進一步說：「高古超逸，無吝筆，
無溢筆，方是廬山真面目。」高古之氣，可以意會，難以言傳，
神妙之至。

山水書法，有董其昌筆意

　　八大山人藝術，汲取董其昌藝術遺產營養甚為明顯，並通過
董其昌，進一步上窺宋元。這是「夫子自道」，也是眾多論者的
共識。龍科寶認為山人書法「深得董華亭意」，至於山水畫，張
大千則認為也是「深得董華亭意」。他在題〈八大山人渴筆山水〉
中說：「山人從董思翁上窺子久，即煙客亦未嘗到此境地。」他認
為，山人對董其昌藝術理解之深，即便是「四王」領袖人物王時
敏也難於比擬。

山人種種，不甚可解

　　乾隆間張庚認為山人「題跋多奇致，不甚可解。」其實，不
僅 300 年前「不甚可解」，300 年後又解得如何？一部分題句似乎
可解，但見仁見智，意韻可以領略，實解則頗費躊躇。若干題跋
可以意會，但一時還難以字字落實，高山仰止，只好以「神品」
視之。其實，也不僅僅是山人藝術，山人身世也有許多「不甚可

解」之處。家世梳理，似有脈絡，但細細推敲，孤證之處甚多，也只能算是階段性成果。還有「從道」之說，事出有因，查少實據，持懷疑態度的人不能說沒有一點道理，前人云山人為「仙才」，這是一種恰當的評述，神仙飄渺，可以遙看，不可以審視。山人之「仙」，實際上是一位苦難大仙，領略了人世間之種種艱難，發為藝術。他的藝術可以意會，難以言傳，洵為「神品」。仙才神品，全憑艱難玉成，所以八大山人獨領藝壇風騷，可謂前無古人。

八大山人生平簡表

一歲　明天啓六年　丙寅　1626 年
出生，弋陽王後裔，朱姓，名統鐢。為朱權所傳九世孫，弋陽王所傳七世孫。

八歲　崇禎六年　癸酉　1633 年
能作詩，作篆刻，作畫。能懸腕作米家小楷。

十六歲　崇禎十四年　辛己　1641 年
約於本年參加科考，為諸生。

十九歲　崇禎十七年　甲申　1644 年
清人占領北京建立大清。山人父歿。

二十歲　清順治二年　乙酉　1645 年
南昌為降清者占領。逃亡至奉新，山中約 3 年。

二十三歲　順治五年　戊子　1648 年
於進賢介岡剃髮為僧，名發堀，屬法字輩，自號雪個。

二十八歲　順治十年　癸巳　1653 年
於介岡燈社拜耕庵為師，法名傳綮，字刃庵。

三十一歲　順治十三年　丙申　1656 年
耕庵去奉新，山人主持介岡燈社。

三十四歲　順治十六年　己亥　1659 年
作〈傳綮寫生冊〉於進賢介岡之松海。

三十六歲　順治十八年　辛丑　1661 年
迎母歸南昌，又於定山橋捐資修建青雲譜。

四十一歲　康熙五年　丙午　1666 年

於湖西精舍作〈墨花圖卷〉。

四十二歲　康熙六年　丁未　1667 年
青雲譜道院建成。

四十七歲　康熙十一年　壬子　1672 年
在新昌，與裘璉、胡亦堂接交。

四十八歲　康熙十二年　癸丑　1673 年
返奉新，作〈花鳥冊〉10 頁。

四十九歲 康熙十三年　甲寅　1674 年
老友黃安平為山人作〈個山小像〉。自題 6 則。

五十歲　康熙十四年　乙卯　1675 年
約於本年，〈青雲譜碑記〉成。

五十二歲　康熙十六年　丁巳　1677 年
告別奉新，返回進賢介岡菊莊燈社。又應胡亦堂約，南下臨川。

五十四歲　康熙十八年　己未　1679 年
受邀在臨川修誌，中秋參加「夢川亭」詩文會。

五十五歲　康熙十九年　庚申　1680 年
胡亦堂調離臨川。山人發狂疾，焚僧服於市，返南昌，依舊市街狂走。後為侄收留。

五十六歲 康熙二十年　辛酉　1681 年
約於本年有底二次婚姻。本年作畫，開始署「驢」款。

五十九歲　康熙二十三年　甲子　1684 年
書畫署「驢」漸止。始署「八大山人」。

六十一歲 康熙二十五年　丙寅　1686 年
來往北蘭寺。與住持澹雪結交，為澹雪作〈芝蘭清供圖〉。

六十四歲　康熙二十八年　己巳　1689 年
開始出現畫鴨作品。

六十五歲　康熙二十九年　庚午　1670 年
春日，作〈孔雀圖〉諷某官員。雨夜，接受邵長衡訪談，敘
述生平。

七十歲　康熙三十四年　乙亥　1695 年
「八大山人」署名之「八」字，由如哭型向如笑型變化。

七十一歲　康熙三十五年　丙子　1696 年
本年及以後數年，與住揚州之石濤有書畫往還。

七十三歲　康熙三十七年　戊寅　1698 年
作鹿圖。此後鹿畫漸多。

七十五歲　康熙三十九年　庚辰　1700 年
本年及以後，作品常署於窹歌草堂。

七十七歲　康熙四十一年　壬午　1702 年
與羅牧等組織東湖書畫會，可考者 12 人。

七十九歲　康熙四十三年　甲申　1704 年
自言有手疾。迄今似尚未發現署年甲申之書畫作品。

八十歲　康熙四十四年　乙酉　1705 年
由春至秋，不斷有書畫作品。秋後，再無作品傳世。據李驎
詩記，山人歿於本年。

附錄：陳鼎《八大山人傳》

八大山人，明寧藩宗室。號人屋，人屋者，廣廈萬間之意也。性孤介，穎異絕倫。八歲即能詩，善書法，工篆刻，尤精繪事。嘗寫菡萏一枝，半開池中，敗葉離披，橫斜水面，生意勃然。張堂中，如清風徐來，香氣常滿室。又畫龍，丈幅間蜿蜒升降，欲飛欲動；若使葉公見之，亦必大叫驚走也。善詼諧，喜議論，娓娓不倦，嘗傾倒四座。父某，亦工書畫，名噪江右，然喑啞不能言，甲申國亡，父隨卒。人屋承父志，亦喑啞。左右承事者，皆語以目；合則頷之，否則搖頭。對賓客寒暄以手，聽人言古今事，心會處，則啞然笑。如是十餘年，遂棄家為僧，自號曰雪個。未幾病顛，初則伏地嗚咽，已而仰天大笑，笑已，忽陡跼踴躍，叫號痛哭。或鼓腹高歌，或混舞於市，一日之間，顛態百出。市人惡其擾，醉之酒，則顛止。歲餘，病間，更號曰個山。既而自摩其頂曰：吾為僧矣，何可不以驢名？遂更號曰個山驢。數年，妻子俱死。或謂之曰：「斬先人祀，非所以為人後也，子無畏乎？」個山驢遂慨然蓄髮謀妻子，號八大山人。其言曰：八大者，四方四隅，皆我為大，而無大於我也。山人既嗜酒，無他好，人愛其筆墨，多置酒招之，預設墨汁數升、紙若干幅於座右。醉後見之。則欣然潑墨，廣幅間，或灑以敝帚，塗以敗冠，盈紙骯髒，不可以目。然後捉筆渲染，或成山林，或成丘壑，花鳥竹石，無不入妙。如愛書，則攘臂搦管，狂叫大呼，洋洋灑灑，數十幅立就。醒時，欲求其片紙只字不可得，雖陳黃金百鎰於前，勿顧也，其顛如此。

　　外史氏曰：山人果顛也乎哉？何其笑墨雄豪也？余嘗閱山人詩畫，大有唐宋人氣魄。至於書法，則胎骨於晉魏矣。問其鄉人，皆曰得之醉後。嗚呼！其醉可及也，其顛不可及也！

——《虞初新誌》

石　濤：歷史夾縫中的苦瓜

　　朱若極（1642—1707），明藩靖江王後，贊之十世孫。出生不久明亡，逃亡中無奈為僧，法名元濟（原濟），字石濤。書畫創作中，自號苦瓜和尚、大滌子、清湘陳人等。早年輾轉湘楚、皖南、金陵、北京等地，晚歲定居揚州。繪畫主張「搜盡奇峰打草稿」、「筆墨當隨時代」、「法自我立」，反泥古之風，對揚州八怪及近現代寫意畫影響深遠。

第一章 石濤的童年時光

公皆與我同日病，剛出世時天地震。

——石濤於八大山人〈大滌草堂圖〉題句

石濤畫像

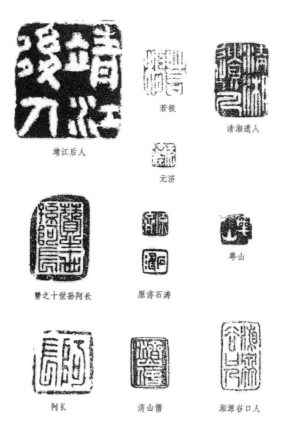

石濤　身世信息印

　　遁入空門的人往往不願意如實地述及過去。他的家庭情況如
何？為什麼要出家？未來設想如何？「我自雲山來，還向雲山
去。」雲山何處？僧人的回答很玄妙，往往使人摸不著頭腦。石
濤的前半生也是這樣，「閑寫湘中花，往事口不言。」不說過去，
問話的人性子急，一連追問，和尚只是笑笑：「西來君莫問，托

跡住人寰。」回答像謎一樣，回答了你，也等於沒有回答你。漸江、髡殘如此，八大、石濤更是如此。

八大、石濤更是如此，更深層次的原因是因為他們生存受到威脅。清人入主中原，各地抗清義軍紛紛奉朱明宗室人員為領袖，號召四方，清人鐵騎所至，到處搜捕追殺宗室人員屬自然之勢。當日朱姓宗室紛紛改名易姓混跡民間。以求生存。無奈做了和尚，「西來君莫問」、「往事口不言」便容易理解。到了石濤的後半生，進入康熙年代，天下大定，政策方面有調整，「令明宗室改易姓名隱逸者，皆復舊原籍」。於是，若干隱姓埋名的末路王孫們猶抱琵琶半遮面地漸漸吐露真情。關於石濤的身世，由於早期的隱晦，由於別人的猜測，石濤自述後又由於別人的將信將疑，300年內有許多誤解。在諸多證言中，應當說，石濤的自述是最可信的。我們就石濤所用幾方圖章並加以推敲，便可明白他的梗概。

靖江後人

石濤為明代靖江王後裔。明代第一代靖江王明朱守謙，乃朱元璋侄孫，受封於藩邸在粵西桂林。今日廣西桂林市尚存靖江王府舊址與靖江王陵。朱元璋封非親生後裔為王是一個例外，關鍵在於朱守謙和他的父親自幼受到朱元璋與馬氏的撫養，如同己出。在靖江世系中，靖江王是旁系，從皇族的觀念看，地位要低於直系諸王一等。所以，1645 年南京為清軍攻克後，靖江王朱亨嘉不經族議便「自稱監國」，宣布自己是朱明皇族抗清的領袖，自封為朱明皇族繼承人。這樣，不待清軍討伐，朱姓同族及其擁戴者，便欲置「僭越者」於死地了。「靖江後人」印，表示這位孤苦無依的畫僧其實是當年的金枝玉葉。

贊之十世孫

　　「贊」為靖江王第二代朱贊儀。從朱贊儀開始，規範後代取名規則，確定20字的世系，這20個字是「贊佐相規約，經邦任履亨；若依純一行，遠得襲芳名」不同的排行，區別不同的輩份。宗室男子姬妾眾多，子孫繁衍，為後輩指定命名秩序，避免後人亂了輩份。朱亨嘉屬「贊之九世孫」，屬「亨」字輩，石濤為「十世孫」，屬「若」字輩。其實，石濤可以鑴「亨嘉之子」，明白而直接。但是，當時朱亨嘉屬於朱明皇族懷有不軌之心的「罪臣」，其罪當誅，至少在亡明舊臣中持這樣的看法。說近不如說遠，「贊之十世孫」表示屬於皇族一脈，王族正宗。

若極與阿長

　　「若極」為石濤早年名，晚年畫作中，石濤有時署「極」屬靖江王世系中的「若」字輩，全名為「朱若極」。「阿長」印，係乳名印。「長」可以理解為身材碩長高大，但仔細分析傳世自繪圖像身材一般，且詩文中從無身高記述。另一種解釋便是長子，俗稱為老大。此說近於情理。乳名習慣從賤從俗，阿大、阿二、阿三，民間常見。石濤的生年，李驎說是「出腋知君歲在壬」，「在壬」，即在崇禎十五年（1642）之壬午年，又說國變之年石濤「生始二歲」。李驎所述與石濤即將60歲之〈庚辰除夜詩〉所述年齡相合，目前為多數研究者所接受[1]。

1　李驎（1634─1710），清興化人，字西駿，號虹峰。晚年住揚州，與石濤交往，
　　著《大滌子傳》，見於《虹峰文集》。

清湘遺人

　　若極為朱亨嘉之子，但出生的地點不在桂林，而在桂林周邊的清湘，即全州。他還有一方自述印：「湘源谷口人」，那就說得更具體了。靖江王統治一方，城市中心的王宮以及周邊的行宮別院甚多，國變時，小王子「為內官負出」，「生始二歲」，兩歲的孩子不可能留下什麼記憶，李驎所錄的根據是石濤自述，石濤自述也只能是據師兄喝濤（可能便是那位「內官」）的敘述。[2]

　　這樣，從金石中可以約略了解這位粵西畫僧的身世輪廓。只是這種了解追根溯源，均源於石濤的夫子自道，缺少豐富的史證。於是，便有種種不同的說法。只是，藝術巨匠不同於重大歷史事件中的關鍵人物，理解他的主要渠道是他的作品，而不是他早年的能些情節。

原濟石濤

　　清後期以至民國初年，輾轉相傳，稱石濤為「道濟」，若干重要辭書均載。檢閱石濤詩文書畫署名，僧名為原濟，或諧音稱「元濟」，字石濤。石濤書畫曾署「石道人濟」，後人誤稱「道濟」。近年來，畫史論者認識趨於統一。

---

[2]　喝濤係僧名。石濤稱之為「家喝兄」。據梅清詩記，此人始終與石濤相伴，經歷艱險，同入空門。

第二章　石濤的少年時代

　　　　　　湘水北流與瀟合，重華此地曾流連。

　　　　　　　　　　　　　　——屈大均〈石公種松歌〉

石濤《幼童讀騷圖》　　　　石濤《花卉冊》

流亡的小和尚

靖江王朱亨嘉被捕了,忠貞的「內官」背負著孩提中的小王子逃出宮牆,逃跑的路線不是向南,而是向北。

逃跑的旅途情形,石濤日後有一段回憶:

> 瀟灑洞庭幾千年,浩渺到處通仙津。
>
> 不辭雙履踏雲斷,直泛一葉將龍馴[3]。

這是一種浪漫的說法,其實是主僕二人亡命天涯,在洞庭周邊的深澤野谷中東藏西躲,說成是天上人間的神仙之旅。至於這一段逃亡路線翔實一點的記述,則是:

> 宮中僕臣負出,逃至武昌……從武昌道荊門,過洞庭,經長沙,至衡陽而返[4]。

這就是說,順治初年的靖江王幼子,由忠僕保護,如喪家之犬,流浪在湘楚之間。順治初年,桂林南北都還是明軍的天下,但奉命討伐靖江王的軍事力量卻雲集東南。「天無二日,國無二主。」當年建都於福州的隆武王朝視靖江王為叛逆,奉旨平叛的欽使,一個是駐於梧州的巡撫瞿式耜,一個是管轄兩廣諸地的總督丁魁楚,喪家之犬如果南逃,無異於自投羅網。至於荊楚守將何騰蛟,名義上忠於隆武王朝,但在宗室矛盾方面別有見解,在他的勢力範圍內便於藏身。何騰蛟誓死抗清終止於順治七年(1650),這一年他被執殉難,荊楚易幟,成了清人的天下。這一年,石濤9歲,「留髮不留頭,留頭不留髮」,至遲在這一年,

---

3　石濤〈生平行〉。
4　李驎〈大滌子傳〉。

隱姓埋名的小王子和他的忠僕，變成了一個小和尚和一個大和尚。

後來的石濤，不止一次畫過〈幼僧讀騷圖〉。繪一大澤，岸邊高山峻嶺，老樹森森，渺無人跡。氣象荒寒。中流有一小舟，順流而下，船頭坐一幼僧，潛心讀書。讀的是什麼書呢？其中一幅如此題句：

> 落木寒生秋氣高，蕩波小艇讀離騷。
> 夜深還向山中去，孤鶴遼天松響濤[5]。

讀的是〈離騷〉，讀屈子之辭，懷亡國之痛。圖中的這個小和尚是誰呢？在又一幅畫中，石濤自跋為畫的是明初的葉希賢。明初，宗室之間爭奪皇位，燕王朱棣兵伐南京，奪建文帝位。建文帝不知所終，御史葉希賢不肯阿附新朝，落髮做了和尚。葉希賢於舟中讀〈離騷〉，讀完一頁，即投一頁於水，投一頁，哭一次，書頁投完了，「葉盡乃返」。他說，他畫的是歷史人物。

不能否認，這是畫的歷史人物，但明眼人會說，這是障眼法，〈幼僧讀騷圖〉裡的小和尚，其實是石濤的少年自畫像。國破家亡之痛，宗室相殘之痛，使得年幼的小和尚寢食難安，深秋寒夜，放舟中流，借屈子之辭，放歌高吟，釋放胸中的悲忿之情。

隱於書畫

石濤的人生軌跡，在很大程度上，是由他的「家喝兄」為他設計的。小王子終於生存於人間，總算是大幸，但小王子今後如

5　此題句見於《山水花卉畫冊》第十二頁，現存廣東省博物館。冊中說明作於「丁酉二月」，即石濤16歲時，署名為「石濤濟」，地點分別為「嶽陽夜艇」與「武昌之鶴樓」。

何發展呢？抗清復國嗎？即便復國，靖江王一系也屬於叛逆，這條路是走不通的；習武練功嗎？小王子顛沛流離，缺少調養，體質不佳，這條路是走不通的。科考入仕嗎？宗室中人想到這一點的便是罪過，這條路是萬萬走不得的。從商牟利嗎？落地的鳳凰還是鳳凰，這條路是不屑走的。那麼。就做名潛心佛學的大德高僧吧，坦率地說，做和尚只是求生，並非真的心如止水，這條路也是走不到頭的。那麼，剩下來的只有一條適合沒落王孫之路：從藝。

石濤日後成為藝術巨匠，論者多認為是天才。天賦是重要的，但就石濤言，筆者以為，更多的因素是環境的逼迫，朱明皇族統治華夏近 300 年，子孫繁衍，千千萬萬，其中就沒有若干天才嗎？天才而終於成為藝術巨匠者，為什麼只有石濤與八大？

小和尚 10 歲時，「臨古法帖」，而且「學畫山水人物及花卉翎毛」，進入藝術之門。童年習作，出手不凡，「楚人往往稱之」。應當說，這是喝濤悉心引導的結果，也是童年石濤奮發努力的結果。

小和尚 14 歲畫蘭花頗有影響，他在 56 歲時曾題句：「十四寫蘭五十六，至今與與爾爭魚目。」又曾在一幅扇面上畫松林獨坐人像，題句為「夜夢文殊臺上，白雲湧出青蓮。曉向筆頭忙寫，恍如乙未初年。」乙未，即順治十二年，這一年石濤 14 歲。14 歲時他還是一名小和尚，但他業已為人生定向了。

小和尚 16 歲時曾在武昌黃鶴樓作畫，有史料可查。同年，又在「西湖之冷泉」作畫冊。此畫冊今傳世，尚待考訂。

到了 20 歲，應當算是青年和尚了，石濤在南京天龍古院，作山水軸。他在南京滯留至明年，於天隆寺，於大報恩寺之一枝

閣，作有多幅書畫。這些書畫流傳至今。是真是偽，尚待考辨。

石濤同時代人記述和尚早年藝術經歷，有一句話不可不予以注意，這句話便是小和尚對於董其昌「心不甚喜」。

石濤自幼不喜歡董其昌的主要原因是因為董其昌一味師古。董其昌一再強調作畫「必有門庭」，作品的特點在於「以淡見真，以簡入妙。」重在神理意趣。董其昌的書畫為清廷多位帝王所欣賞與崇拜，屬於晚明清初的主流畫派。石濤的藝術主張別有見解，主張以自然為師，藝理與技法方面，均與董其昌有很大區別。10歲左右的孩子在藝術見解方面業已與董其昌分道揚鑣，這可能是畫藝大成的晚年回顧過去的一種歸納性的說法，不可過於較真。至於分析石濤「不喜」董其昌，是由於政治態度方面和人品方面的原因，不能說沒有道理，只是說得遠了一點。

佛門保護傘

大約在康熙二年（1664）至四年（1666）間，石濤與喝濤終於在松江昆山的泗州塔院拜高僧旅庵本月為師，成為臨濟宗三十六代傳人，成為受到法律保護的名單在冊的禪宗僧人。

關於他的師父，石濤曾經有這樣幾句描寫：

> 五湖鷗近翻情親，三泖峰高映靈鷲。
> 中有至人證道要，帝廷歸來領巖竇[6]。

石濤拜師的廟宇在九峰三泖之間，九峰三泖是松江西北境的風景佳地，九座山峰中有一峰傳說古代產玉，形如覆盆，稱「婉孌昆岡」，亦稱小昆山。寺廟住持是一位名氣很大的和尚，佛名

---

[6] 同註 3。

旅庵，字本月，臨濟宗三十五代傳人，極有文化修養，能畫，亦能詩。順治十六年（1659）九月，接受順治皇帝之邀，隨師入京說法。不久僧師還山，旅庵則奉皇命入宣武門外之善果寺開堂弘法，據《旅庵本月奏對錄》，他於順治十七年（1660）七月初十奉旨，十一日在萬善殿謝恩，乘御賜馬出西華門，改乘肩輿至善果寺，迎送僧俗達萬人。八月，董貴妃歿，旅庵又奉命率徒二十四日在景山追薦亡靈。順治駕崩後，旅庵回到松江，帶回了順治為寺院御賜的對聯及橫額，橫額為「樂天知命」，第一幅對聯是：「一池荷叶衣無盡；數畝松花全有餘。」第二幅對聯是：「天上無雙月；人間只一僧。」被皇帝稱為「人間只一僧」的和尚，實在可以算得上是佛門權貴了。

終於找到了保護傘，流浪多年的兩個野和尚可以喘一口氣了。

為了證明自己不是野和尚，而是正宗和尚，石濤刻了一方章鈐於書畫之頁：「善果月之子天童忞之孫原濟之章」。善果與天童是兩個寺廟的名稱，「月」指「本月」，他是北京善果寺說法人旅庵本月的正宗傳人。

還要說一說「忞」，即臨濟宗三十四代傳人木陳道忞。道忞是廣東茶陽（今大埔）人，早年棄科舉入空門，屬江南高僧。順治帝癡迷佛法，盡管四方降伏，廣有天下，但經常坐臥不寧，不能入睡，心理需要調適。經僧人引薦，順治御書請「木陳師兄」入京說法，對坐談禪。道忞是一位很有文化教養又很懂得政治的和尚，與皇帝周旋多日，應對得體，深得寵信。道忞是個聰明人，對帝王別有所求，不久薦弟子本月代替自己說法，南下歸山。「天童忞之孫」，自然是一柄更能遮風擋雨的保護傘。日後道忞住持

揚州南門外靜慧寺，靜慧寺便成為石濤江南往來的一處重要的掛單之處。

　　石濤拜師，按常情係由喝濤策劃。師兄是他的保護人。總體說來，在與清政權的關係方面，石濤不比漸江、髡殘，也不比八大山人，缺乏一股狷介之氣。他不像漸江、髡殘那樣，不與官府往來，也不像八大山人那樣，和官府可以保持距離。只是仔細體察，尋找保護傘之舉情非得已，可以理解。順治年間以至康熙初年，石濤面臨的生存危險，比漸江、髡殘大得多，漸江、髡殘的身份只是平民；比八大山人也大得多，八大山人距離有王位的祖先業已遙遠，已無政治能量。石濤不同，石濤是自稱「監國」的諸侯王之後，而且是「阿長」。在多方追殺王族子遺的日子裡，石濤的真實身份很可能成為邀功請賞者獲取的獵物。這樣，兩位流浪的和尚尋求保護傘的需要自然比別人來得迫切。正確地評述古人應當了解古人。

第三章　石濤在皖南

石公飄然至，滿座生氤氳。
手中抱一卷，云是黃海雲。
　　——梅清《題石濤黃山圖》

石濤《黃山冊》

石濤《夜雨響山扉圖》

寂寞敬亭山

　　拜師以後，石濤與喝濤結束流浪生涯，在皖南宣城有了安身立命之所。據石濤畫跡署年分析，宣城時代始於康熙五年（1666），迄於康熙十八年（1679），苦命弟兄擁有 14 年難得的安定生活，他們居留的寺廟，有廣教寺、閑雲寺、苑津庵等處。其中廣教寺即敬亭山麓的雙塔寺是著名古寺。是唐代高僧黃檗禪師的道場。到這樣重要的大寺擔任僧職，按常情是屬於旅庵本月的指派或建議，一個帝室寵信炙手可熱的大和尚應當有這樣的能量。來到宣城時，石濤 25 歲，能詩善畫，又係臨濟宗傳人，不僅僧俗刮目相看，官府對於這樣的佛門青年才俊也會禮讓三分。

　　石濤居留的寺廟在敬亭山中，敬亭山是一座名山。「山不在高，有仙則名。」也可以說：「山不在高，有詩則名。」敬亭山的出名，與著名詩人吟詠有關，這些詩人，包括謝朓、李白、梅堯臣。李白一生七遊宣城，天寶十二載（753）在漂泊中來到敬亭山，他的一首膾炙人口的絕句是這樣的：

　　　　眾鳥高飛盡，孤雲獨去閑。相看兩不厭，惟有敬亭山。

　　鳥也飛了，雲也去了，茫茫宇宙，只有我與青山。我心如止水，而山亦有知，望我生情。我與青山便成為心脈相通的渾然一體。李白並不是一個能夠全然忘我之人，他的孤獨感與寂寞感表現得淋漓盡致。

　　李白的寂寞感也傳染了石濤，石濤畫過一幅〈山中獨坐圖〉，註明：「寫於敬亭山之雲齋閣下」。畫面表現春深時節，草木茂密，叢竹成林，有人獨坐樓頭，憑窗遠眺，不勝瑟縮之狀。當日石濤不過將屆而立之年，卻自署「清湘苦瓜老人」，題詩是這樣的：

新長龍孫過屋簷，曉雲深處露風尖。
山中四月如十月，衣帽憑欄冷翠沾。

　　當然，這是受李白獨坐敬亭山寂寞感的影響，但更是石濤步入中年時代內心寂寞的獨白。有了保護傘，有了安定的生活環境，這是一方面。另一方面，一個天資聰穎、能詩善畫、才華過人的年輕人，就這樣當一輩子和尚嗎？一個在藝壇登堂入奧、心高天下、睥睨一切的星光燦爛的人物，就這樣一輩子隱居深山嗎？14年的安定生活，石濤能夠以自然為師，追求藝術的精進，這是敬亭山的賜予；但是這 14 年正是血氣方剛、青春如火的年紀。一個血氣方剛、青春如火的年輕男子卻要強迫自己靜下心來，過這清心寡欲、木魚清磬的日子。「山中四月如十月」，難熬的寂寞滋味可想而知。

石公喝公

　　石濤的前半生，他身邊有一位神秘人物，這個神秘人物便是喝濤。也許可以這麼說，沒有喝濤，小王子無法度過四方追殺的童年。也可以這麼說，沒有喝濤，日後的石濤也許不會進入藝門，或者不會進入禪門。他是一位神秘的保護人，盡管面目神秘，但多少還是有蹤跡可尋的。石濤稱他為「家喝兄」，「喝兄」前有「家」字，說明他姓朱；喝濤在題詩中自稱「喝濤亮」，說明他的名字中有個「亮」字，名朱亮，或朱□亮，或朱亮□，姑稱之為朱亮吧，正如石濤名若極，常署「極」字。

　　喝濤的形象，應當說是中國傳統道德中的忠臣，義僕形象，他不因故主的敗亡而背棄故主。比救護小主人更艱難的是把小主人撫養成人，不辭艱險，不辭辛苦，為報故主之恩，捨棄了屬於

自己的一切。更難得的是，石濤避險，遁入空門，他也依然削髮，一輩子陪侍在小主人左右，他把自己生命的全部獻給了見義勇為的報恩之舉。喝濤以「喝」為名，與臨濟宗初祖傳道授法有關。臨濟宗初祖為唐代義玄上人，上人說法，教人頓悟，以機鋒峻烈、單刀直入著稱。初學弟子請教時，義玄往往不以言語作答，而是大喝。口喝棒打，使癡迷者於片刻間醒悟，不立文字，不落言詮，以心印心，中得心源。在宣州，他曾於敬亭山廣教寺開壇說佛，記錄云：

> 宣城廣教喝濤禪師上堂：心不是佛，六六還他三十六；智不是道，墻壁瓦礫哈哈笑，若作佛法商量，入地獄如箭射。畢竟如何理會，卓挂林曰：萬古碧潭空界月，再三撈摝始應知[7]。

宣州 14 年，石濤精研的是繪畫，喝濤精研的是佛法。亂世忠良，決心獻身佛門，要修成正果。只是要深入體會佛法，要到碧潭月影中去體會，說得也實在有點玄虛。

宣城人是多少知道一點這一對佛門弟兄的真實歷史與來龍去脈的，因為康熙業已親政，允許明宗室回到故地過平民生活，不再追殺，不受歧視。問題倒是在於某些人冒充宗室自高身價，故弄玄虛，以致真假難辨。梅清曾經寫過一首〈贈喝濤〉的詩，他對喝濤身價有所了解：

> 喝公性寡諧，遠挾愛弟遊。出險膽不驚，渺然成雙修。

石濤的故事，喝濤的故事，宣城的圈內人是聽說的，不再是

7　見《五燈全書》卷九十四。

秘密。只是離亂之世，這類故事太多，而且輾轉相傳，是非難辨。茶餘飯後，親朋之間，說一點令人唏噓的奇聞軼事而已。誰也不會去認真考核。

　　日久，石濤離開宣城去南京大報恩寺時，隻身一人。石濤的後半生，要獨立地走向新的生活。

神遇黃山

　　早在敬亭山廣教寺住錫以前，石濤就去過黃山。少年時江南往來，他就去過黃山的文殊臺，那時候他已作畫，那一年他 14 歲。四僧之中，漸江得地利之便，常去黃山，可惜的是天不假年，畫藝進入化境不久便已棄世；髡殘也去過黃山，但次數不多。石濤在皖南做了 10 多年和尚，血氣方剛，精力飽滿，方便時便去黃山優遊，由於體力強健，他在黃山攀援岩壁，「飛步出空外」，黃山處處是奇峰、異石、飛瀑、雲海，他都領略到了，有一回雲封始信峰，濃雲忽來，他無路可走。有一回他在天都峰遇見長髯鶴髮的藥農，花甲之年身手輕捷，有猿鹿仙姿，他便稱讚黃山乃是仙境。他還養過一隻猿猴，朝夕為伍；他還從黃山移來松樹，植於寺院園中，以寄托對黃山的思念。

　　黃山七十二峰，方圓數百里，山中多處無路可通，野獸出沒，入山需有旅伴。有一回，旅伴是宣城畫僧半山和尚。兩位畫僧在山中畫山，為新安太守曹鼎望所知，趕上山來，與二僧同遊，同時向石濤索畫。太守雅愛風流，是書畫方面的行家，他準備了紙張，要石濤作七十二峰贈他。據傳記，「圖成，每幅各彷彿一宋元名家，而筆無定姿，倏濃倏淡，要皆自己意處之，神到筆隨。」故事反映石濤壯年時對大自然觀察之細與功力之深，畫一幅易，

畫不同之三幅五幅不易，畫七十二幅，幅幅各別，那就太不容易了。但這則故事從另外一個角度看，石濤為保護自己，對於權貴態度極其謹慎與謙和。還有一次，為石濤伴遊的是冰琳禪師。冰琳是黃山白龍潭畔草庵的和尚，二人相處和睦。「飛步出空外，握手成長談。」忘記了艱難，忘記了路的遠近。石濤還有與詩友黃燕思（字硯旅）共遊黃山的經歷。二人相知數十年，共遊的時間未必限定於宣城時期。黃君是位旅行家，字如其人，石濤為他作詩作畫多幅，有跡可考。石濤以遊黃山聞名，也以畫黃山聞名，另一位因抗清失敗遁入空門的和尚，即屈大均，為他的畫幅題句說：「石公好寫黃山松，松與石公如膠漆。松為石筍拂天來，石作松柯橫水出。」在他的印象中，石即是松，松即是石，可謂惺惺相惜。石濤寄情黃山，藝術精進，獲得宣城文化界領軍人物的崇敬與讚美，梅清是一個，施閏章也是一個。施氏如此讚美石濤：

> 上人逸興多如此，黃嶽千峰歸眼底。
> 高坐松陰自在吟，役使神猿及童子。
> 客來笑把種松圖，看取新送種幾株。
> 俄傾空中聲稷稷，青天萬樹齊浮圖[8]。

　　施氏詩中，石濤和他的繪畫，都被神話了。施氏字尚白，號愚山，宣城人，清初在詩壇有一定影響。

宛陵文友

　　石濤在宣城最知己的一位朋友，便是梅清，既是詩人，又是畫家。宣城古稱宛陵，宋代梅堯臣說他的家鄉是「謝公城上謝公

---

[8]　見《愚山先生詩集》卷二十。

樓，百尺闌幹掛斗牛。碧瓦萬家煙樹密，蒼崖一檻瀑泉流。」是座山水名城。宛陵梅族是個望族，梅清便是梅堯臣的後人。梅清長石濤 19 歲，字淵公，號瞿山，既是詩人，又是畫家。順治朝應科舉試，是位舉人，在鄉裡頗有名望。梅清的政治傾向與石濤相仿，一方面與明末遺民關係密切，寄情書畫，又一方面對於清代當權者既不刻意趨奉，亦不視同仇讎，屬於能夠與清統治者合作的那一批漢族人士。

對於石濤來說，梅清是一位卓有成就、遠近知名的畫壇前輩，他畫黃山以墨色交融、筆意渾厚見長，後世認為漸江、梅清、石濤為黃山畫的三大家，漸江主神，梅清主韻，石濤主氣，各有千秋。來到宣城，在梅清面前，石濤還是一個畫藝處於發展階段的畫僧。但梅清滿懷熱情地讚賞石濤的作品，並不以權威自居，不以長輩自居，給石濤以極大的勉勵，說石濤的黃山畫是「始信天地奇，千載遲吾師。筆落生面開，力與五丁齊。」讚嘆備至。石濤在繪畫方面強調以自然為師，強調別開生面，需要支持。無疑地，梅清的肯定對於石濤堅定「我用我法」的信心，起到了很大的作用。在宣城，梅府書香門第，詩人畫人甚多，與石濤往還切磋的還有梅庚、梅季赤、梅子彥等。

歙縣溪南吳府是「書香人家」，吳府若干人是「筆墨種子」，在〈漸江〉篇中已述及。石濤畫名遠揚後，吳府的「爾翁」，即吳爾純、吳爾純之子吳兼山，還有吳府的第三代人物吳承夏均與這位擅畫黃山的的畫僧有交往，收羅他的作品，詩畫往還的還有呂定義、王玉楚、孫靜庵、吳蕭公、江注等人，多屬皖南名流。這裡所說的江注，便是漸江的從弟，當年於夏夜三更時，在黃山文殊臺，一方吹笛、一方歌嘯的那一位，斯文圈中的翹楚人物。

康熙十八年（1679）左右，他專程至宣城廣教寺拜訪石濤與喝濤，他眼中的石濤是：

> 白雲何處來，吾知離粵嶠。巾瓶手中攜，歷歷看山好。

彼此通了姓名，由於雙方的情況前已了解，於是：

> 前因筆墨禪，相見即傾倒。

彼此一見如故，甚為相得。其中媒介，很可能是由於漸江的緣故，石濤是漸江的崇拜者，江注詩中，不忘記錄石濤與喝濤在宗教方面的貢獻：

> 殘寺復為新，其功已浩浩。門前一雙塔，將為兩師表[9]。

敬亭山南麓廣教寺，在清初是由喝濤、石濤募資整修一新的，當年雙塔完好。同時證明：石濤離開宣城前一年，喝濤尚在人世，尚在寺中。

9　江注《同愚翁訪喝濤、石濤兩師雙塔寺》詩。愚翁即施閏章。見江注〈宛陵詩〉。

第四章　石濤在金陵

每對清湘老，如親濁酒賢。

空山存一片，期爾聽鳴泉。

──戴本孝〈長干一枝閣酬苦瓜和尚〉

石濤《茄子圖》

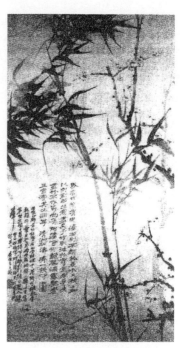

石濤《靈谷探梅圖》

七吟一枝閣

　　康熙十九年（1680）石濤主持錫金陵大報恩寺，也就是長干寺。這座寺廟便是 20 多年前，髡殘在此「修藏」的那座大寺。不同的是，髡殘當日入寺的身份是學問僧，而今日石濤入寺的身份是畫僧。髡殘應當算是石濤的前輩，石濤入寺之年，髡殘的骸骨在燕子磯沉江已有年頭了。

　　石濤從宣城廣教寺來至金陵長干寺，他自己說：

　　　喝來遊倦思稍歇，有友長干許禪寄。

　　他主動地說，想脫離小城的山中古寺，想離開喝濤、想去大城市的「楚王宮」，是他的追求。成全他的是一個僧友——勤上人。經勤上人的疏通，長干寺願意接收。石濤前半生，他的成長與成就，就是依賴喝濤的庇護。到了 39 歲時，他終於做出了人生的重大決策：離開喝濤。自謀發展。嗣後，到康熙二十二年（1673），喝濤尚來南京與師弟共登周處臺，此後再無訊息。一位靖江王府的忠臣義僕，用自己的生命的全部保護幼主，宛如佛前殘燭，放出最後的一絲光亮後，生命之火終於熄滅了。

　　石濤在大報恩寺先後住了約 7 年時間，他住的地方叫「一枝閣」。按常情，從寂寞山林走向江南首邑，從小城古寺走向梵王宮宇，名流往來，視野開闊，石濤的心境是應當很愉快的，但是，我們從他入寺後陸續寫成的〈長干一枝七首〉中可以看出，離開了喝濤，他內心孤獨與寂寞的陰影卻更加濃重了。

　　詩的一至五首描寫了一枝閣生活的景況，臥室很小，被子又很破，鍋竃是自己壘的，籬笆是自己栽的，門前的松樹已經折斷，小路雜草叢生，房裡很久無人打掃，自己又常有病，自嘆「一貧

從到骨」，生活享受方面是「腸枯斷再根」。他內心的苦痛與躁動
不安集中表現在第六首上：

> 門有秋高樹，扶籬出草根。老烏巢夾子，頭白歲添孫。
> 淮水東流止，鐘山當檻蹲。月明人靜後，孤影歷霜痕。
> 多少南朝寺，還留夜半鐘。曉風難倚榻，寒月好扶筇。
> 夢定隨孤鶴，心親見毒龍。君能解禪悅，何地不高峰。

　　石濤的詩寫得很誠實，這是他的內心獨白。高高的樹，疏疏
的籬，汨汨的水，隱隱的鐘山，都是襯景，主景是樹上的三代烏
鴉，烏鴉有子，子又生孫，繁衍生息。靖江王一脈傳至自己可謂
斷子絕孫，香煙不再了。月明之夜，「孤影歷霜痕」，真有人不如
鳥之感。康熙時代進入中期，對士人的壓迫日漸緩和，若干業已
遁入空門的僧人陸續還俗，變化的形勢難免不在石濤胸中掀起波
瀾。

古都詩畫舊王孫

　　金陵七年，石濤要做的第一件事便是講經論法，這是一個和
尚的本職工作。我們可以在《五燈全書》中找到石濤在長干寺說
法的記錄。反覆領會，坦率地說，乏善可陳。他的精采之筆還在
於繪畫與題詩。他的繪畫與題詩的精采之筆在於帶有沒落王孫傷
感色彩的那一部分。

　　明代初年，南京是洪武、建文、永樂前期的京師，當日山河
變色，但江山依舊。遺跡尚在。石濤畫跡、詩跡涉及的金陵地方，
長干寺、清涼臺、舊名院、朝天宮、烏衣巷、幕府山、采石磯等
地，「興亡自古成惆悵」，撫今追昔，不勝興亡之感。

　　石濤畫東山，東山是謝安下棋的地方，那一場戰爭彷彿是一

場賭博，以寡敵眾，沒有必勝的把握。但是八公山一戰，到底擊潰了強敵，形成了南北分治的格局，「太平棋子無人下；古今輸贏一笑間。」這種感慨出自一般文人之口也不怎麼樣，但是出於剛剛丟了天下的朱明王孫之口，就耐人尋味了。

石濤畫玄武湖。明初，湖中舊洲為儲藏全國戶籍冊處，即所謂黃冊庫。戶冊在手，管理天下，保持秩序。「欲明玄武歌中月，不照咸寧創國心。」今日，玄武湖月下的那些歌者舞者，誰還能理解洪武皇帝精心治理天下的良苦用心呢？

石濤畫清涼臺。城市山丘，南唐時的清涼道場，佛教聖地，也是南唐天子的避暑勝地。歲月悠悠，江山幾度易姓，石濤登山時，盡管是春天，但陰雲四合，亂鳥歸林，就連山間草花也有愁慘之態，「故壘鴉歸宵寂寂，廢園花發思悠悠。」於是，石濤用多彩之筆畫下了他心中的清涼山，說是「興亡自古成惆悵，莫遣歌聲到嶺頭。」他在為誰而嘆？為誰而悲？

石濤畫烏衣巷。秦淮河畔的王導與謝安舊宅址，成為金陵一處風景。「朱雀橋邊野草花，烏衣巷口夕陽斜。舊時王謝堂前燕，飛入尋常百姓家。」石濤的感慨說：「只有銜泥雙紫燕，年年不改舊烏衣。」一切都變了，世態變了，人情變了，宅第的主人更是早已變了，但是，只有癡心的燕子依戀故地故主，年年來到這裡尋覓舊主。身在故都，憶前朝往事，石濤是不是也是一只烏衣紫燕呢？

石濤畫過朝天宮。洪武年間，凡遇大朝會，這裡是文武官員朝賀天子的地方。時事更迭，斗換星移，「暫供星辰與日月，時時來往面朝天。」進進出出的人很多，誰還記得這是洪武皇帝君臨天下的神聖之處呢？當然，現在是有一個人能夠含著眼淚清楚

地記得的，那就是朱明皇族的末代王孫。

金陵十友

　　石濤是禪僧，但就他在金陵結交的朋友看，多為布衣，而且是布衣中文化素養很高的文化人。以詩會友、以畫會友、而不是以禪會友，佛門的至交並不多。大約在康熙二十二年（1683）左右，石濤寫過一首古風懷念他的九位布衣朋友，題於書畫冊，這九位朋友是張瑤星、周向山、張僧持、湯燕生、戴務旃、杜蒼略、柳公含、吳野人、周真樓，對於他們每個人的音容笑貌，略有描繪[10]。

　　戴務旃便是戴本孝，休寧人，是當時一位著名的畫家。以枯筆焦墨見長，善畫山水。他在金陵長住報恩寺，與石濤切磋畫藝，甚為投緣。石濤如此描寫戴氏：

> 君時住筆發大笑，我亦狂歌起相還。
> 但放顛，得捧腹，太華五嶽爭飛瀑。

　　戴氏對石濤的畫藝十分傾倒，對他的身世也略有了解，分別時約定再見之期，依依不捨，他說：

> 出世既黃檗，全身復苦瓜。祖宗恩果大，兵火劫難遮。松樹何時老，茶香即興奢。霜枯吾再至，醉乞寫黃花。

　　張僧持即金陵詩人張總，住在長干寺附近，但居無定跡。他和石濤的交往甚多，感情十分深厚。張氏是遺民，很有個性，不輕易見人，孔尚仁拜訪他，「窗裡人傳語，庭前路長苔。」可能故

10　戴本孝〈長干一枝閣酬苦瓜和尚〉，見《余生詩稿》。

意回避。不肯見客。但是他與石濤過往頻繁，兩個人經常騎兩頭驢子，前往鐘山，然後在明孝陵的松樹下，向洪武皇帝的在天之靈稽首，以寄哀思。

湯燕生是漸江的朋友，現在又成了石濤的朋友，只是，他是老前輩了。湯氏一輩子如閑雲野鶴，字巖夫，書齋名補過齋，所以石濤說他是「巖夫補過中江鷗」。石濤所繪黃山圖軸他不止一處地題過詩。吳野人即著名詩人吳嘉紀，詩很出名，貧窮也很出名，描寫清初的民族災難，有許多催人淚下的名篇。他在南京與石濤聲氣相投，有許多共同語言，金陵七載，與石濤交往的差不多皆為遺民，又多為詩畫方面有很高造詣的隱居之士。有姓名可考的前述諸人外，尚有程穆倩、黃仙裳、祖庵、馮參庵、李子瞻等人，多人有事跡可考。

初見康熙

康熙首次南巡是在 1684 年，即康熙二十三年，這一年是石濤住長干寺一枝閣之第五年。這一年的十一月初二日，皇帝謁明太祖孝陵，行三跪九叩禮，賞賜守陵內監及陵戶人等名下旨禁止在陵園範圍內樵采，「萬民感泣」。同時，駕臨長干寺，接見了一批人士，其中有石濤。接見記錄，石濤日後有詩為證：

> 甲子長干新接駕[11]。

初次接見，康熙認識了石濤，也記住了石濤。說明當時參與接見的人不多，也說明康熙事先大略地知道石濤的情形，接見時比較留意。

11　見石濤〈客廣陵平山道上接駕恭紀〉之第二首。

　　皇帝接見一名普通的畫僧是有前因的，前因是石濤與明代遺民有頻繁的接觸，同時，他與官府也有適當的接觸。甲子年江南學政為趙閬仙，現存石濤畫〈幽溪垂釣圖〉，藏於四川省博物館，石濤自跋云：「歲甲子三月，訪學使者趙閬仙，寫於客城官署。清湘石濤。」皇帝接見前半年，石濤與官府往來，並與高官往來，這是明證。首次南巡，趙閬仙自然是在皇帝面前有說話的機會的，介紹過石濤不會使人意外。還有一位官員，即宣州司馬鄭瑚山。首次南巡前夕，江南各地官府接受一項緊急任務：圖寫江南河山供皇帝觀看，皇帝不可能處處親歷。於是，鄭瑚山趕到長干寺，要石濤畫皖南河山，供康熙欣賞了解，石濤的繪畫這樣被人看重。心裡是很高興的。「欲向皇家問賞心，好從寶繪論知遇。」他從宣城移寺金陵，明確的目的是謀求發展，現在有了作畫供皇帝御覽的機會，當然是要精心落筆的。有墨跡可考，甲子南巡前夕，石濤「事方奉旨，圖江南之勝。」他在為皇帝作畫。

　　畫幅為媒，藝驚四座，日後石濤便有了北上之行。

第五章　石濤在揚州（上）

石濤上人，道味孤高，詩畫皆如其人。

社集一晤，可望難即。

——孔尚仁〈致卓子任書〉

石濤《邗沟雨圖》

石濤《竹石圖》

惆悵邗溝雨

康熙見石濤後不久，京中「故人」來信，約石濤至京師。石濤自己這樣說：

> 昨夜飄飄夢上京，鴿鈴遙接雁行鳴。
>
> 故人書劄偏生細，北去南風早勸行。

能夠改變石濤命運的北京故人，必然是位很有權力的人，而且也必然是皇帝身邊的人。顯然，石濤「奉旨」所作的江南山水畫使得皇帝隨行的藝術家們的讚嘆，也使得皇帝讚嘆。石濤太高興了，他的藝術才能將會獲得最大程度的施展機會。他說：

> 順江淮以遵途，越大河兮遐征。尋遠遊以成賦，將擴志于八紘。為君好訂他年約，留取江城證此盟。

他的告別詩是留給他在南京方面的遺民朋友的。他將跨出人生的重要一步。時代業已發展變化，與前朝有著千絲萬縷關係的朋友們不應考、不入仕、不進城、不接觸官府的時代結束了，需要新的思維、新的態度。

興致沖沖的石濤之舟沿運河北上來到揚州時，「故人」的訊息又到了。北京的訊息要他在揚州暫住，等待消息。莫名究竟的石濤便在靜慧寺掛單，想不到的是，一住便是三年。

石濤是於康熙二十六年（1687）春再至揚州的。事先，他至少三次來過揚州。宣城時代的康熙十二年（1673）他來過揚州，「客廣陵靜慧寺」作〈採藥圖〉，這是一次；宣城時代的康熙十五年（1676）為揚州汪揖作〈山水冊〉八頁，時在揚州，這是一次；一枝閣時代的康熙二十一年（1682），在平山堂作〈水雲仙尋圖〉，這是又一次。他的祖師爺木陳道忞最後一個住持的名寺，

便是揚州南門外的靜慧寺。青年及中年時代的石濤需要經常前來
參拜，後來，道忞的墓塔也留在寺中，這樣，揚州也就自然地成
為石濤心中的一方聖地。

　　意外地滯留揚州，石濤心中是忐忑不安的。這年春日，他作
〈邗溝雨圖〉，煙雨迷蒙，遠山近樹，水氣彌漫，圖中愁人獨坐，
不勝惆悵。離開了南京，又去不了北京，客中又細雨綿綿，真叫
人愁腸百結。

秘園之會

　　石濤至揚州，恰巧孔尚任奉命協助在揚州辦理淮河入海工
程，公於結社吟句。孔是山東曲阜孔門後裔，日後曾以著〈桃花
扇〉蜚聲華夏文壇。康熙為團結漢族讀書人，到山東祭孔時，親
自擢拔孔尚任入仕，所以，孔尚任可以算得上是康熙朝漢族讀書
人擁戴新政權的前驅者之一。孔在揚州，以官員而兼名士，某日
於城北秘園舉行詩會，據《湖海集》卷二，到會者有卓子任等27
人，其中，卓子任等7人為春江社友，另有16人則為各地聚集
在揚州的名流，其中有石濤，有官員，也有遺民。此時，清政權
建立已近半個世紀，康熙「滿漢一視」的政策已見成效，民族隔
閡、官民隔閡已漸淡化。因為與會者籍屬八省，孔尚任興奮地稱
此次聚會為「八省之會」。

　　石濤在這次會上沒有多說話，也沒有留下什麼詩句，只是畫
了一把扇子，孔尚任非常寶貴石濤的畫跡，後來讓泰州、興化諸
行家品評，鑒賞者一致認為石濤用筆神妙，孔尚任後來寫了一封
信給卓子任（爾堪），希望石濤為他作一畫冊，信的內容是：

　　　　石濤上人，道味孤高，詩畫皆如其人。社集一晤，可望難

即。別時又得佳箋，持視海陵、泰州、昭陽、興化諸子，
皆謂筆筆入悟，字字不凡。僕欲求一冊，以當二六之參。
不敢徑請，乞足下婉致之[12]。

　　孔尚任是位眼界很高的人，這封信函反映了當日石濤畫名遠
播大江南北，聲望很高，同時在人際交往方面不事張揚，頗為節
制。孔尚任請他作畫冊，他畫了沒有？至今未見記錄。

再見康熙

　　康熙第二次南巡是從己巳（1689）正月初八開始的，至三月
十九日結束，歷時 70 天，來去均經過揚州。春寒料峭，枯水季
節，易於視察河工。這一次南巡的目的是做調查研究，就近年治
水方面朝堂爭議做出判斷。耳聽為虛，眼見為實。調查以後，肯
定了原來河督治水的功績，堅定了力排眾議、使用能臣的信心，
同時在南巡過程中，關切民生，在民間建立了良好的形象。據《起
居注》，他每至一地，總是直接召集「野老」詢問，了解下情；
每三日京中送來公文，他經常守侯至二更，不讓公文過夜，黎明
時他已「詳覽」、「發落」完畢，然後入寢。揚州地方張燈結彩迎
接他，受到他的批評，並且以此為訓，規定各地應不事鋪張，不
可「稍損物力」，甚至臣民迎接他用黃沙鋪路，他都禁止。途中
飲食，「絲毫不取民間」，全由宮中帶來。不接受民間獻食。康熙
南巡，不比後來的乾隆南巡，輕車簡從，帶領的是精幹的工作班
子，甚孚民望。正是在這樣的萬民歡呼聲中，石濤再見康熙的。
　　石濤見康熙的前前後後，他先後寫過三首詩。這三首分別描

12　見孔尚仁《淮海集》卷十一。

寫接見前的心態，接見時的情形與接見後的感想。第一首是：

> 無路從容夜出關，黎明努力上平山。
>
> 去此罕逢仁聖主，近前一步是天顏。
>
> 松風滴露馬行疾，花氣襲人鳥道攀。
>
> 兩代蒙恩慈氏遠，人間天上悉知還。

石濤能夠被列入揚州被接見的臣民名單，必然是經人推薦，經過層層篩選，由隨駕大臣初定，由皇帝點頭的。接受召見是一個複雜的過程，深更半夜便要出城了，有馬匹侍候。朝露中乘馬至平山堂麓，康熙住寺內，需下馬隨隊登山。春深時節，花氣襲人，被召見的人一個個斂聲屏息，表情嚴肅萬分，想到師祖道忞，師父本月均曾受到過皇帝的尊崇，現在自己正在步師祖、師父的後塵，踏上了朝天之路。

第二首寫接見情形：

> 甲子長干新接駕，即今己巳路當先。
>
> 聖聰忽睹呼名字，草野重瞻萬歲前。
>
> 自愧羚羊無掛角，那能音吼說真傳。
>
> 神龍首尾光千焰，雲擁祥雲天際邊[13]。

接見中最讓石濤感動的是「聖聰忽睹呼名字」這樣一個細節。石濤在康熙的記憶中有印象，五年後的第二次見面，還能記得他的名字。帝王日理萬機，能記住一位偶然見面的和尚的名字，反映康熙記憶力之好，反映他對於團結漢族讀書人之用心。石濤的山水畫如何出眾，但在康熙的心目中並不占多少位置，他的畫院

13　以上兩首詩詩題為〈客廣陵平山道上接駕供紀〉。

中，傑出的畫家實在太多了。他關心的是宗教人士這一塊，他記得石濤是道忞、本月的傳人，禮遇石濤，便是禮遇江南若干萬僧人，便是禮遇尚存人間的遺民。石濤被感動了，表示一位朱明皇族子遺心悅而誠服，接見以後，石濤畫了一幅畫，又在畫上題了一首詩：

> 東巡萬國動歡聲，歌舞齊將玉輦迎。
> 方喜祥風高岱岳，更看佳氣擁燕城。
> 堯仁總向衢歌見，禹會遙從玉帛逞。
> 一片簫韶真獻瑞，鳳臺重見鳳凰鳴[14]。

「河清海晏」，當日黃河一線東水攻沙，淮河一線導淮入海。淮南運河沿線水患正日益減少。石濤頌康熙為關切民生之堯，為辛勤治水之禹，反映的是事實。後世對石濤的這一首詩有多種見解，問題是事實勝於雄辯。民生改善和水患減輕是不是事實？老百姓可以依據事實說話，姓朱的人就不可以據實說話嗎？

---

[14]　此為石濤〈河清海晏圖〉的自題詩。

第六章　石濤在北京

五十孤行成獨往，一身禪病冷如冰。

——石濤庚午題畫詩

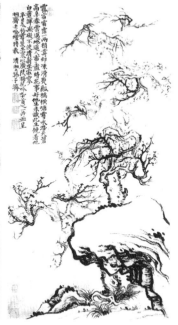

石濤《諸方乞食山水圖》　　　石濤《梅花圖》

寄寓慈源寺

到了京師，日後的生活和石濤的想象有很大的差距。

不是如道忞那樣，皇帝以「師兄」相稱，迎奉至宮中談禪，朝夕晤對。

也不是如本月那樣，去宣武門外善果寺說法，有皇家的護衛，沿途萬人夾道，瞻仰高僧。

石濤不可能再見到皇帝。接待石濤的是博爾都。博爾都安排石濤棲居於崇門外的慈源寺。

博爾都便是康熙初巡與再巡時隨侍的大臣，認識了石濤，成為石濤「故人」的那個人了。博爾都是清宗室，父親係努爾哈赤曾孫，名拔都海，封恪僖公。博爾都襲爵為輔國將軍，在內務府供職，日後成為內務府大臣。貴冑子弟到了和平年代成為文化人、書畫家的很多，博爾都便是一個。他有詩集，字問亭，別號東皋主人，東皋漁父。他的府第中有一座樓，名為白燕樓。白燕樓中收藏歷代書畫甚多。明亡之際，王公大臣四處逃亡，珍寶古跡賤如泥沙。博爾都是個有心人，在他的白燕樓中聚集了若干珍品。珍品中有一批宋代的刻絲畫年深日久，極易朽散，於是博爾都禮待石濤，奉為上賓，請他臨摹宋畫，使宋人以「古淡清雅」的刻絲畫藝術風範不致失傳。

刻絲畫是一種繡品。當年宋王朝錦院制作大幅刻絲畫，筆筆描摹，完成一幅需要花費經年累月的工夫，不比寫意花鳥，茶餘飯後可以一揮而就。既來之，則安之，先期完成的是一幅〈摹宋內宮監造蓬萊仙境圖卷〉，博爾都上題跋語云：「宋刻山水畫致，展卷耀目，此清湘先生所摹，更得筆墨點染之妙，亦不復相甲乙。」他對石濤的仿作功夫推崇備至。事實上，石濤是一位極有抱負的

胸襟開闊的大畫家，貴在創造，現在到京城來做這一類畫工的工作，真是有苦難言。

皇帝在金陵與揚州兩次接見，三四年前「故人」專函邀請從速來至京師，就是為了仿作嗎？願意是這樣的嗎？

入京第一年的冬日，石濤即將進入天命之年，他畫了一幅某僧山中獨行圖，題句說：

> 諸方乞食苦瓜僧，戒行全無趨小乘。
> 五十孤行成獨往，壹身禪病冷如冰。

進入冬季，北方氣候乾冷，也可能是作畫過於疲勞，臥病慈源寺。「好從寶繪論知遇」，空想罷了。一方面自嘲，有失落感，另一方面，他有了自己的打算。求畫的人太多，自己已進入老年，該為將來做點準備。普度眾生的大乘教義談不上了，獨善其身，自求解脫吧，從此他又有了一方閑章：「小乘客」。

歸來長鋏嘆王孫

博爾都對石濤是很尊重的，在贈詩中說和尚「風神落落」，而且人極聰穎，「語來天花百道飛」，見解超人。由於他的介紹，輾轉認識了京中若干雅愛風流的王公大臣。免不了索畫，免不了詩酒之宴，免不了饋贈。就畫跡詩稿所見，略舉一二：

「大司寇」圖公。一位顯宦，曾經到慈源寺探病。石濤感謝他，為他作畫。公子圖月坡也是文藝種子，善畫，日後曾至揚州探望石濤。石濤曾詩云：「更羨燕京圖月坡，蕭騷蘭竹影婆娑，司寇之子圖繪科。」

人翁。即戶部尚書王騭，字人嶽。

徵五先生。家中有「嶽歸堂」，京中名流。石濤初至京向京

中人展示才藝，於嶽歸堂作巨幅山水畫，雲霧繚繞，動靜相參，深山近樹，色墨淋漓，題跋的口氣很大，說是「打鼓用杉木之棰，寫字拈羊毫之筆，卻也快意一時。千載之下，得失難言，若無透關之手，又何敢拈弄，圖苦勞耳！時庚午長夏，偶過嶽歸堂，徽五先生出紙命作此意，漫請教正。清湘石濤濟。」題句自稱有「通關之手」，近於狂傲。另一角度看，題句也表現了江南畫僧藝術方面的自信與自負，一派藝壇領袖氣概。

張汝作。名霖，號魯庵。曾任雲南巡撫。歸休津門，家有閑居堂園林大宅。張氏與文化名流交往，包括石濤。石濤詩中描寫張氏是「愛客肯辭千日酒，風流氣壓王侯門。四海魚樵齊拍唱，歸來長鋏嘆王孫。」他對石濤非常理解，也非常同情。

張笨山。張汝作之弟，曾任中書舍人，詩畫均佳，退居鄉里，野鶴閑雲，與石濤詩畫往來，彼此知己。石濤如此回憶張笨山：「知我潦倒病，知我無髮貧。授我以心法，憶我相思陳。入城出郭是苦辛，傾心吐語皆前因。落落無知己，滿面生埃塵，奇哉奇不已，長嘯謝西秦。」

朝拜先皇陵墓

石濤在北京，拜訪過列祖列宗的先皇陵墓。

京城西北八達嶺以東，距城市中心約 200 里，為天壽山。天壽山以南方圓約 40 公里盆地上，建有從朱棣（成祖）開始的十三個朱明皇帝的陵寢。十三陵分別是成祖長陵、仁宗獻陵、宣宗景陵、英宗裕陵、憲宗茂陵、孝宗泰陵、武宗康陵、世宗永陵、穆宗昭陵、神宗定陵、光宗慶陵、熹宗德陵、思宗思陵，這些陵墓在明代自然屬於禁地，不可擅入，今日是大清時代，物是人非，

明陵已為歷史陳跡，和漢唐諸陵一樣，可以任人來去。石濤在南京拜謁過孝陵，現在有機會再來燕京拜謁列祖列宗之陵，也算是亡國遺嗣的一片赤誠之心。

石濤有〈謁陵詩〉。很可惜的是，這些詩今日不傳。也許是在漫長的清代傳觀的過程中，有什麼犯忌之處，為人毀棄了吧。所幸的是，李驎讀過〈謁陵詩〉，而且寫過〈大滌子〈謁陵詩〉跋〉，可以略知一二。李驎如此說：

> 大滌子〈謁陵詩〉淒以切、慨以傷，情有所不自勝也。
> 洛誦一過，衣袂盡濕，淚耶？血耶？

石濤謁陵，是在避開眾人耳目的情況下悄悄進行的；石濤寫〈謁陵詩〉，也只能是在夜深人靜時悄悄落筆，然後又在極小的知己範圍內傳觀。這樣的事，極容易涉及生存的安全。謁陵的行為，業已遺失的〈謁陵詩〉的抒寫，暴露了半百老僧內心的秘密。

讀〈謁陵詩〉，李驎寫了跋語，情未能已。又寫了一首七律〈大滌子〈謁陵詩〉〉：

> 香楓曾樹蔣山愧，憑弔何堪剩石苔。衰老百年心獨結，風沙萬里眼難開。爰君避地飛天處，精衛全身去不回。細把新詩吟一過，翻教舊恨滿懷來。[15]

李驎是揚州府興化縣人，他的反清意識是很強烈的，從這首詩裡可以看得很清楚。這也是他死後惹文字獄案的緣由。他說南京明孝陵昔日到處有香楓，今日只剩下荒涼的石苔了；新朝德政只不過是萬裡風沙，害得石濤這樣的宗室子遺四處流浪。石濤不

---

[15] 李驎涉及石濤詩文，分別見於《虯峰文集》及《清詩紀事初編》。

過是恨海難填的一隻精衛式的冤鳥，心中怨恨難平，銜石填海，不過是抱恨終身的徒勞罷了。

　　李驎直言不諱，他是了解石濤的：石濤的恭順，是表面現象；石濤的怨恨，才是內心世界。

第七章　石濤山水

畫至苦瓜和尚，奇變狡獪，無所不有矣。最其得意處，
則黃公之松也。萬山青破中，著古怪衲子，如吸雲光，
飲濤綠者，蓋苦瓜自寫照耳！——何紹基〈跋畫〉

石濤《山水清音圖》　石濤《日夕知己圖》

黃山是我師

石濤之畫，多為山水畫。石濤之於山水畫，有自己的理論系統，有許多精采的、敢於向當日權威挑戰的、大破大立的見解。他的藝術理論的精華，用通俗的話說，便是他自己說的，「黃山是我師，我是黃山友。」

「黃山」在石濤的語匯裡，可以理解為大自然的代稱，也可以理解為天地造化的代稱。「黃山是我師」提出這樣的口號是有針對性的，這就是說，藝術創作一味強調以古人為師的主張是片面的，泥古不化是藝術創作的桎梏，藝術應走創新之路。

清初畫壇，應當說是擬古派的天下。元明擬唐宋，清人擬元明，強調師承，未嘗不是畫壇一脈。只是清初擬古派獲得士林推重，皇家支持，把擬古的作用誇張到絕對的地步。當日擬古派的旗手，是後來被認為是「四王」領袖人物的王時敏（1592─1680），他有自成體系的藝術理論。他的山水畫一輩子臨摹黃公望與董其昌，反覆摹寫，刻意求真。他的藝術主張，突出的有以下幾點：

一、「畫家」正脈，應當是人與古人「同鼻孔出氣」。他認為唐、宋、元、明諸畫壇大師，都是「同鼻孔出氣」人物。

二、判定他所生活的時代「畫道衰微」，關鍵是「古法漸淹」，人心不古。

三、畫道衰微的原因是創新之風。「近世攻畫者如林，莫不人推白眉，自誇巨手，然多鮮知古學。」又說，「古法漸淹」，人多出自新意，謬種流傳。他認為創新之風是謬種流傳。

四、他認為畫壇復興的希望在復古，而當時復古畫最有成就的人物是王石谷。王石谷（1632─1717），名翬，常熟人，他強調作畫時一點一拂的風韻，一石一木的位置，皆要體會古人的用

心。王時敏稱讚他是五百年間才出現的一位畫壇傑出人物[16]。

石濤的藝術主張是自樹旗幟，針鋒相對的，主要有：

1、師古，不可「泥古」。他說：「泥古不化，是識之拘也。」他認為泥古派見識不夠。

2、他主張作畫要以自然為師，要從生活中來。鮮明地提出山水畫「黃山是我師」，他曾在題跋中反問：我師古人，古人又師誰呢？

3、筆墨當隨時代。他在一則畫跋中比較了漢魏六朝畫跡，初唐與盛唐畫跡，元人畫跡，認為畫風不同，源於時代不同，倪雲林的筆墨情趣不會和陶淵明一樣。他說：「筆墨當隨時代，猶詩文風氣所轉。」他認為這是藝術發展的普遍規律，今日繪畫要適應今日時代[17]。

後世普遍認為，以王時敏為首的「四王」是清初畫壇的主流派別，但是屬於保守派；石濤是在野派，但是屬於挑戰派，革新派，判斷是有根據的。今日藝術創作，優秀作品應從生活中來，離開了生活便是無源之水，無本之木，這是常識。300多年前，石濤強調的「黃山是我師」正是強調的這一方面的道理，十分難得。只是，優秀的作品要從生活中來，也要有點基本功，「以古人為師」，也不是沒有一點道理。任何精闢的見解，強調時要有點辯證思維，不可絕對。

我是黃山友

我是黃山友，意思便是說，以黃山為師，但是我非黃山之奴。

16　王時敏語，見於〈婁東王奉常書畫題跋〉。
17　石濤語。見於《畫語錄》及各種畫跋，不一一註出。

擬古派強調作畫是一木一石均要效法古人，而且嘆息摹寫了一輩子，還只能得其一「跡」，不能得其「神」。石濤不同，石濤是又一種氣概。具體內容是：

一、山水畫「脫胎於山川」，為山水傳神。山川好比父親，繪畫好比兒子，優秀的兒子有父親的傳統，但絕對不是父親的再版。他說成熟的山水畫有兩個過程，一個是「山川脫胎於予」，一個是「予脫胎於山川」。他又說，他的山川畫是山川的代言者，重要的是傳神。他說，「必使墨海抱負，筆山駕馭，然後廣其用。」氣吞山海，神遊八荒，繪畫氣度非擬古者可比。

二、我用我法。古人用古人法。但是今天的時代與古人的時代不同，所以我用我法。再說古人畫是古人之畫，今人畫是今人之畫，我的畫必須有「我」。「我之為我，自有我在。古之須眉不能生在我之面目，古之肺腑不能安入我之腹腸，我自發我之肺腑，揭我之須眉，縱有時觸著某家，是某家就我也，非我故為某家也。」

三、真在氣，不在姿。石濤多次強調過，畫山不能以「形似」為滿足，「書畫非小道，世人形似耳。」他認為畫山像山，山是會生氣的：「名山許遊未許畫，畫必似之山必怪。變幻神奇懵懂間，不似之似當下拜。」他的這種「不似之似」的理論，成為 300 年來寫意畫派的經典名句，畫重傳神，不能不似，也不宜過於形似，這是以形神兼備的寫意派畫人成功的秘訣。

搜盡奇峰打草稿

〈搜盡奇峰打草稿圖卷〉是石濤代表作之一，畫於 50 歲時之辛未二月，棲止京師。這是一幅巨制，長近 3 米，據題跋云，長卷之繪，聚江南江北名山之神，點染而成。在藝術見解方面，

強調「不立一法，是吾宗也；不舍一法，是吾旨也。」他的藝術大旗是「無法之法」，亮相京師畫壇，完全是一派承前啟後、開宗明派的藝術大師的身姿。「搜盡奇峰」表示不是以古人為師，而是以自然為師；奇峰搜「盡」，然後作畫稿，這就表示筆墨傳眾山之神，而不是師一山之跡。石濤山水畫之長，列下述四點，可見一斑：

一、全在墨法爭上遊。

此語出自黃賓虹。他認為石濤山水畫得古人積墨，破墨之秘，用墨濃淡深淺，虛實枯潤，使畫面富於韻味。李鱓曾經評論說，八大山人善於用筆，石濤善於用墨。「清湘大滌子用墨最佳」。

二、截斷山川，取其精華。

在畫面構圖方面，石濤破前人陳規，用他自己的說法，取「截斷」法，「山水樹木，剪頭去尾，筆筆處處，皆以截斷。」同樣的景物，改變視角，避免平板，或仰視。或俯視，或俯視或側視，神龍見首不見尾，山巒間雲霧繚繞，氣象氤氳，於是，「無塵俗之境」。用「截斷」法，便剔除了生活中的煩瑣，雜亂的部分，畫龍點睛，遺貌取神，突出精華。

三、峰與皴合，點染生姿。

石濤山水畫由於觀察眾山日久，創造並靈活運用若干皴法，同時善於在山川樹木之間用點，增加靈氣，不贅。

四、渾厚奔放與細致靈秀相統一。

如繪近處花木用筆精細，遠出山川則水墨淋漓，雄秀精粗，往往在一幅畫面中獲得和諧統一。

第八章　石濤在揚州（中）

晚遊淮揚，人爭重之。

一時來學者甚眾，今遺跡淮陽尤多。

──張庚《國朝畫徵錄》

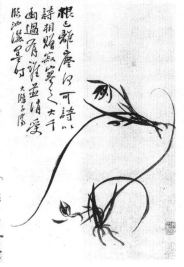

石濤《訪狄向濤書法》　　石濤《幽蘭圖》

孤鴻落葉下揚州

石濤興致匆匆地趕往北京，沒有幾個月便心灰意冷，在畫題中說是「即將南歸」，中間插著一段故事。

這段故事便是當時朝廷將選定一批書畫家用 3 年時間完成200 米長的康熙南巡圖卷，制成一幅規模宏闊的傳世之作。康熙兩次接見石濤，現在朝中人又催促石濤從速至京，意欲何為，不言自明。石濤至京後，南巡圖主持繪務的重任落在了王石谷身上，石濤至京的身份僅僅是博爾都門客而已。「四王」中的王原祁當時如此吹捧石濤：「海內丹青家不能盡識，而大江以南，當推石濤為第一。余與石谷，皆有所未逮。」這是故作褒語，你的畫藝比我們都高，但是你落選了，看得開一點吧。

石濤離京是在康熙二十一年（1682）的秋日，石濤記行，有《歸舟圖》，收入《清湘書畫稿》。南歸時，博爾都贈詩云：

> 飛錫竟何之，遙指廣陵樹，天際來孤鴻，哀鳴如有訴。
> 敗葉聲蕭蕭，離思紛無數。登高欲望君，前津滿煙霧。

選擇揚州作為歸老之所，石濤早有打算，也是和博爾都商量過的。既然「諸方乞食」，不再靠講經說法而是靠書畫謀生，「故人」有條件在京城為他謀點黃白之物，讓他晚年至揚州成家立業。自謀生路準備點物質條件。

石濤前往揚州的「賦別」詩中有這樣的句子：

> 感君洗我心，愧吾汙君眸。三年無返顧，一日起歸舟。
> 良會實不偶，悵懷那得休？贈言勞紙筆，繾綣當千秋。

石濤盡管說過「千鈞弩發，不為求兔。」但是逮不著兔子總是不愉快的事情。其實，石濤的北京之行，見識了若幹前朝藝術

名品，結交了當日文化界若干友人，留下了若干巨幅傳世名作，奠定了日後在畫壇的地位，他的收穫還是十分豐富的。

閑寫青山賣

　　石濤定居揚州，是始於 51 歲的壬申冬日，歷 16 年，直至生命的終結。如果連同以前數度至揚州累計，留居揚州先後約 20 年時間。北京南下揚州，似應長住靜慧寺，但在 57 歲前，就畫幅題款看，作品地點經常移動，有靜慧寺，也有吳山亭，也有大樹堂，且以大樹堂為多。石濤詩云：「頭白更無家」。他想到了「家」，寺廟不算「家」，他至揚州初期，他對別人說，他的生活來源，不是靠談禪，不是靠布施，「惟閑寫青山賣耳」！依靠賣畫生活。

　　這一階段，石濤有幾封私函流傳至今，這幾封私函中保存了石濤當日賣畫的一些信息。

　　石濤賣畫，是有潤格的。歙人江世棟住揚州，代友人向石濤買畫，石濤開出的價格是畫屏十二幅二十四兩，倘需通景，則為五十兩。質量標準為十二幅屏，含十幅好畫，分開可以成幅。作畫屏，需費時一月，通景則或走或立，上上下下，耗時更多。石濤解釋，此價未當面言明，因為「見客眾不能進言」，畫價是不公開的，當日書畫交易並不完全理直氣壯，不比後來的鄭板橋公開潤格。

　　買畫人是需要先付定金的。但是，石濤是規矩人，畫未交付，「所賜金尚未敢動」，要等到買畫人收畫以後。對於中介，石濤有謝岱瞻先生介紹生意，石濤遣「門人化九」送去一種帖，「先生當收下藏之」。以示謝意！

　　繪畫內容，因為是購買，可以「從俗」。至於作畫地點，可

以在住處進行，也可以上門作畫。某年重九左右，買畫的人清晨派轎子來接，寫隸書壽屏，到晚上再送回來，一連四天，把一列壽屏寫完。石濤賣畫原因，在私函中，他說是因為「家口眾」，說「弟所立身立命者，在一管筆。」至於為朋友作書畫，「知我之友，為我生我之友。」是不講價錢的，「即無一紋（文）也畫。」

於今為庶為清門

石濤是和尚，為什麼因「家口眾」賣畫呢？和尚有「家口」嗎？尋找答案，可以細讀當時石濤新刻的幾方印章，「於今日庶為清門」，「道合乾坤」、「清湘石道人」。石濤借用杜甫贈曹霸的詩句，說自己從此後便是普通老百姓（庶），便是坊裡貧寒之家（清門）了。這就是說，他已不再做和尚，不再受佛門清規的束縛。但是，他也不是拖一根辮子做娶妻生子的一家之主，而是當道士。他的人生選擇，在晚年與八大山人不謀而合。當年做道士可以比較自由，可以過俗人的生活。又不必剃髮效忠。他所說的「家口眾」，從他並無子嗣的情況分析，可能是指他的工作團隊，包括僕人與工匠。

石濤至揚州由僧轉道，在他友人的詩文中有若干證明。博爾都從京城寄詩來，題目就叫〈霽後懷清湘道士〉。內容說：「亡子今黃冠，而我舊同調。相期跨鶴來，雲中發清嘯。」博爾都還寫過一首〈答清湘道士〉詩，他對石濤清楚不過。北京的人稱石濤為道士，揚州人也漸稱石濤為道士。陶文虎有〈贈大滌老人〉詩，自註云：「即苦瓜也，忽蓄髮為黃冠。」又如李驎，敘述石濤歷史，稱他「自托於不佛不老間」。至於石濤自己，他描寫他的日常生活時，說是「白石新煮潤如玉，丹火出林紅似霞。」其實這是燒

柴烹煮白米飯的過程，他卻說成是道士煉丹。

　　石濤本無從佛之心，脫離禪門是一種人性的解放。只是石濤不比八大山人，沒有八大山人那麼果決與豪放。他很勤奮，盡管藝術創新非常大膽，但做人極低調，極收斂，「自托於不佛不老間」，不肯任性。所以，他的晚年內心一直非常悽苦。

詩畫廣陵城

　　揚州自吳王夫差築邗溝以來，逐漸形成為歷史文化名城，古跡眾多。石濤在宣城畫黃山，在報恩寺畫金陵，現在歸老於淮左名都、竹西佳處，自然要在詩畫中反映揚州。這裡舉其要者：

　　一、文星閣。揚州屬人文淵藪，歷代文化昌盛，文星閣係明代府學祈神建築，類似北京天壇。閣在橋上，高三層，過往文士往往在此借宿。某日，舊友狄向濤駐閣，石濤從南門外靜慧寺泛舟入城，登閣訪友，兩人重逢，「吟詩調古驚林壑，談笑風生動九洲。」石濤豪氣大發，有詩為記，他說他們的文友之會，也正如東坡、米癲一樣，狂放不已。

　　二、紅橋。紅橋是城市西北區湖口鎖鑰，「日午畫船橋下過，衣香人影太匆匆。」風景佳處。清初王漁洋紅橋修禊，詩酒風流。石濤畫紅橋，重重臺榭，側岸平橋，垂楊十里，城郭依稀，土岡綿延，林木陰翳，芙蕖滿湖，高人雅士聚於畫舫中詩酒流連。石濤有詩云：「垂楊一曲舞逍遙，城郭依稀在碧霄。蝶板鶯簧勾不住，許多兒女問紅橋。」春日尋芳，極一時之盛。

　　三、興教寺。城東大寺。前朝名剎。友人陳定九過揚州西行，寓興教寺，康熙三十六年（1697）三月上巳日，石濤拄杖至寺中拜訪。因為石濤業已從道，留下頭髮，二人相見大笑，互通款曲。

10 年不見，一往深情，「十年淚盡故交散，此地逢君不易評；客裡吟成才八斗，夢中頭白酒千傾。」盡歡而散，依依惜別。

第九章　石濤花卉

> 石濤山水自成一家，下筆古雅，設想超逸，
> 　每成一畫與古人相合，蓋功夫之深，
> 　非與唐宋諸家心領神會，烏克臻此？
> 竹石梅蘭均極超妙。——秦祖永〈桐陰論畫〉

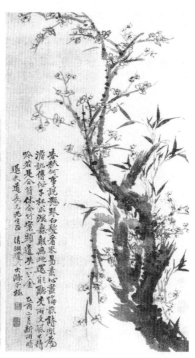

石濤《荷花圖》　　　　　石濤《梅花圖》

石濤《竹菊石圖》

石濤竹畫，日後以畫竹著稱的鄭板橋是仔細研究過的。他說：

> 石濤畫竹好野戰，略無紀律，而紀律自在其中。變為江君
> 穎長作此大幅，極力仿之，橫塗豎抹，要自筆筆在法中，
> 未能一筆逾於法外，甚矣，石公之不可及也，功夫氣候僭
> 差一點不得。

石濤曾經畫過一幅風竹，為〈臨風長嘯圖〉。在強風襲來時，坡地小草作激烈搖擺狀，俯首貼耳；有兩桿新竹業已彎腰，隨風傾斜，作奮力搏鬥狀；兩桿老竹巍然不動，只是竹葉隨風勢飄舞。老竹竹竿瘦而勁，用墨筆拖出，偶然露白，渲染著在疾風中傲然挺立的一個「勁」字。風過竹林，老竹、新竹、疏竹、密竹動態不一，展示不同的生命狀態，在風中鏖戰，表現著生命的力量，展現生命之美。

石濤愛荷，作過多幅荷花圖，他畫的荷花多墨荷，題句多寫荷花之香、荷花之潔、荷花之美，他又常常把荷花比作女人，舉數例：

他把荷花比作傳說中的神女湘妃：「不見峰頭十丈紅，別將芳思寫江風。翠翹金鈿明鸞鏡，疑是湘妃出水中。」

他把荷花比作少女：「余脂才到手邊香，若水無痕裊裊匡。不識周家茂叔在，肯留風韻待誰將。」

他把荷花比作異性朋友：「天姿別出況然通，介酒當花露亦匆。不托眠雲親狎爾，風光猶是醉坡翁。」

他說荷花是風流的象徵：「破盆閑插也風流」。

石濤畫菊，幾朵菊濃淡相參，幾片葉隨意點染，姿態美妙，筆墨淋漓。清人評石濤畫，說他筆意縱恣，以奔放勝，畫山水是這樣，畫花卉是這樣，畫菊也是這樣。

在青蓮草閣上，署「清湘懶民大滌子濟」的一幅〈菊圖〉，題句為「朵朵淵明去後思」，畫三朵菊花，二大一小，一濃二淡，分布畫面右上角一條曲線上，墨中含水較多，有水痕，反映菊花或為晨露所濕，或係雨後，有滋潤之美。三朵菊花主次、向背，明暗有別，信手一揮，意明筆透，楚楚可人。

　　石濤畫菊，題畫多與陶淵明聯繫。顯然，定居揚州的生活，他以陶公自喻，不靠舍施，不靠官府，賣畫為生，自食其力，他有一種解脫感。他也以此自慰、自勵。

　　石濤畫過多幅蘭花圖。他在揚州新勝街、粉妝巷口見過許多沿街叫賣的蘭花，他說「新勝街頭花滿地，粉妝巷口數花錢。何如我醉呼濃墨，瀟灑傳神養性天。」這兩條街巷今日仍在，屬於古城鬧市，粉妝巷係明初常遇春故居所在地，舊有粉妝樓，為常氏眷屬所寓。石濤畫蘭，往往寥寥幾筆，花葉披離，姿態動人。他有一幅離土之蘭，渲染寂寥意味，他說離土之蘭太慘淡了，畫蘭之人命運也相同，也是離開土地的生物，命運一樣慘淡。題畫詩是這樣寫的：「根已離塵何可詩，以詩相贈寂寥之。大千幽過有誰並？消受墨池灑墨時。」臨池灑墨的那個非僧非道的乾枯老兒，命運和離土之蘭是一樣的，只是葉子那麼長，清香那麼撲鼻。

　　石濤畫蕉葉。他畫秋天的蕉葉，不是夏日的蕉葉，所以是「破蕉」，以殘缺之美，反映他與身世相關的審美情趣。蕉葉雖敗，仍然表現著頑強的生命的力量，蓋滿畫面的大部分，莖葉剛直，敗而不枯。石濤畫蕉，總是表現著一股淋漓之氣，用筆鋪排，濃淡相差。因為蕉葉下垂，直線橫紋，加之蕉幹垂直，難免有畫面平直之感，於是間以斜葉，打亂線條的平行感，並伴以竹葉、蘭草、菊花枝葉，使畫面錯綜。秋意蕭索，但殘破中依然綠色滿眼，生意盎然。了解石濤的人便明白這一類畫幅的蒼涼意味。

　　石濤常畫梅花。他不畫官梅，也很少繪紅梅，興致來時，總是把梅花和他的苦瓜和尚之苦聯繫起來。他畫《墨梅冊》，不是為梅花寫頌歌，而是寫畫梅人的心境。他說：「清入枯腸字字寒，乍驚老眼霧中看。」又說：「一回花發一傷感，那得春風氣若蘭。」

他畫的梅花往往給人以一種淒清冷落的情調，又往往浮想聯翩，思接千載。他去揚州鐵佛寺看梅，然後為梅花寫照。他說：「古花如見古遺民，誰遣花枝照古人？閱盡六朝無粉飾，支離殘臘露天真。便從雪去還傳信，才是春來即幻身。我欲將詩對明月，恐於清夜輒傷神。」他往往是這樣，把寫花與寫人統一了起來，把現實與歷史統一了起來，因花及人，因花及事，上下古今，喜怒哀樂，從有限的物象中，把觀賞者引領到廣闊無限的空間。

第十章　石濤在揚州（下）

> 城市如山亦可依，逃楊逃墨竟何時？
> 一庭竹木麋霜雪，半閣圖書無是非。
> 珍重病軀同鶴瘦，縱橫老筆作龍飛。
> 從來怕入時人夥，特看閑雲護版扉。
> 　　　　　　　　　——陶蔚〈贈大滌老人〉

石濤《桃花圖》

石濤《淮揚潔秋圖》　　　石濤《揚州片石山房》

大滌草堂

　　石濤定居揚州，詩畫中經常提到一個字：「家」。畫梅花時，他說是「頭白依然未有家」。賣畫時，他說是「家口眾」；是不是真的有了「家」呢？近 60 歲時，他又說是「非家非室冒瞿壇」。瞿壇，代指和尚。一個無奈為僧的和尚，到了策杖的年齡，嚮往一個「家」，這是一個男人的最基本的權利。人老了繪事甚為繁忙，沒有家的支撐，沒有家的溫暖，不僅力不從心，而且忍受不了心靈的孤寂，所以，他晚年由僧轉道合乎情理。定居揚州之第三年，即甲戌年，石濤開始用「大滌子」印，自己解釋為「向上一齊滌」，與過去告別，尋求一種新的生活方式。大約從這個時候起，僧侶生活也「滌」去了。在這個階段，石濤畫花卉經常把

美麗的花朵比作女人，譬如，他在一幅水仙畫上題句說：「冰姿雪色奈雙鉤，淡淡豐神隔水羞。一嘯凝脂低粉面，天然玉質趁風流。」畫的是水仙，其實分明是在描寫一位心中的女人。一個曾經是和尚的半百老人想女人，有人認為可羞，有人認為是離亂時代人性的悲哀。筆者不知道讀者怎麼看，筆者是為石濤一掬同情之淚的。

石濤終於有了一個「家」，這個家便是大滌草堂。草堂的落成是在丙子與丁卯之交，石濤 56 歲的春節，應當是在草堂慶祝的。李驎〈大滌子傳〉云：「南還，棲息於揚之大東門外，臨水結屋數椽，自題曰『大滌堂』，而『大滌子』之號因此稱焉」。石濤自己在私函中說：「平坡上老屋數椽，古木橫散數株，閣中一老叟，空諸所有，即大滌子大滌堂也。」據畫跡題跋，大滌堂有「小樓」，大滌堂中有集陸放翁「未應湖海無豪士，長恨乾坤有腐儒」句的對聯，恃才傲物，別有寄託。據陶蔚詩，草堂有「板扉」，即木門，有竹木，園中綠化，有閣，閣中有「半閣圖書」。大滌草堂庭中有竹，某日，石濤畫竹於庭，題曰：「未許輕栽種，凌雲拔地根。試看雷震後，破壁長兒孫。」石濤晚年作畫，若干畫幅註明作於耕心草堂、青蓮閣、焦螟巢、大本堂等，老人有畫室，有安定環境作畫，而且大滌草堂中有屋數間，很可能這些堂名是草堂某室的名稱或者一時興起的命名。

交往八大山人

石濤與八大山人的聯繫，較早見於丙子（康熙三十五年），八大所書〈桃花源記〉，請石濤補圖。兩人聯繫的中介則為畫商，即約請天下名家作書作畫的徽商，如聚升、方西城等人。當時淮

鹽運銷地遍及南方諸省，包括江西，鹽商往返於長江中下游，鹽
商也兼畫商。商人知道石濤，亦知八大，促進了這一對「金枝玉
葉」的溝通。同年九月，石濤作〈春江垂釣圖〉，贈「八大老長
兄」，自稱「弟」。過了三年，石濤致函八大，求〈大滌草堂圖〉。
收到畫件後，石濤有古風記事，其中有幾句這樣說：「公皆與我
同日病，剛出世時天地驚。八大無家還是家，清湘四海空霜鬢。」
國破家亡，同病相憐。

　　石濤稱八大為「兄」，其實，八大應屬石濤父祖輩，只是世
系不同，沒有必要深入推敲罷了。兩個人的年齡相差 16 歲，但
命運曲線驚人地相似。清人南下後，兩個人先後躲避到深山去了；
形勢越來越嚴峻了，兩個人又先後當了和尚。兩個和尚無心為僧，
有心為藝，先後知名。兩個人對現實皆有不平之氣，不謀而合，
都要在書畫方面自創一格，都有獨領風騷的雄心壯志。到了康熙
二十年（1681）左右，政治環境略有寬鬆，二人均與官府交往。
石濤年輕，走得遠些。二人還有相似經歷，50 餘歲後，先後當了
道士，逐漸走上賣畫為生、以藝自給的道路。不同的是，石濤沒
有佯狂，他的個性較為溫和。石濤善於保護自己，善於交接朋友，
他晚年的生活可能比八大安寧一點。兩個人都由僧轉道，以畫謀
生，不沾朝廷多少恩惠，只是石濤屬於又一代，對清人的看法變
通一點，保護色要比八大鮮明一點。

　　石濤與八大合作過兩幅作品，可能均係分別在揚州、南昌所
繪，然後由中間人攜至另一地由另一人補畫題款。在一幅古樹苔
石畫上石濤題詩說：「秋澗石頭泉韻細，曉峰煙樹乍生寒。殘紅
落葉詩中畫，得意任從冷眼看。」後人評論「殘紅」，認為係兩位
畫家合謀暗示懷念亡明之意，殘紅者，殘存之朱明子孫也。新朝

不管如何得意，「金枝玉葉老遺民」只是冷眼旁觀。用這樣的讀詩方法去解詩，太政治化了，但也不失為一種解讀方法。

淮揚潔秋圖

　　石濤定居揚州，以地方題材作畫，〈淮揚潔秋圖〉是一幅力作，最為少見的是石濤題句計八十八句，四十四韻，近 700 字。石濤好長跋，但長到這種程度，讓文學才能、歷史見解這樣大河千里地在畫面傾瀉，算得上是一種奇觀了。

　　此畫作於康熙治河初見成效年代。浚深河底、引水入江、改修清口，拆毀攔黃壩諸項工程開始見到效益，江淮間水患正在逐步獲得控制。畫面表現於某年大水以後，遠山近坡、景象明麗。就畫面構圖看，近處城郭部分屋舍鱗次櫛比，林木茂密，人煙稠密；中部為湖區，水波浩淼，漁舟往來，堤岸邊竹木參差，楊柳依依，上部淡淡一抹，遠山隱隱。這幅畫寫治水以後揚州之美，揚州之秀，借江淮一角，展現河山壯麗秋色多嬌，引起歷史的思索，對於揚州這樣一座文化古城，對於江淮魚米之鄉這一片肥沃的土地，有更深層次的了解。

　　石濤自稱所居之樓為「滌樓」，雨季曾經水淹樓下。石濤此圖作於水退之日，時已清秋，禹功隋荒，念千古之悠悠，感慨無盡。洪水退盡，天宇澄明，如今飽嘗歷史憂患的揚州生機勃勃，露出了他的清麗面目，於是便有此圖。石濤說史，其實，最使人創痛深巨的一段歷史，便是揚州十日的屠城史，是史可法英勇守城的抗清史。再遠一點，是宋末李庭芝、姜才的抗元史，這些，石濤自然是了解得很多的，但是，他只能說遠不說近，以免觸犯時忌。

園林疊山

　　清人評說江南三座名城，說是各有特色：杭州以湖山勝，蘇州以市肆勝，而揚州則以園林勝。揚州以園林勝，主要是唐代遺風：「園林多是宅」，到了明清時代，揚州城郊官員與商人，主要是鹽商的私邸甚多。風習所沿，各處私宅追求建築格式互不雷同，山石花木池沼亭榭的布置重在別有奇思，新意疊出。石濤善畫，園林建築常依石濤畫稿布置格局，相傳某些園又係由石濤指導營造，現舉其三端：

　　一處是片石山房。此景目前尚存，屬於全國文物保護範圍。山房的發現、整理、開放，陳從周教授的推動起關鍵性作用。陳氏在《園林談叢》中云：「假山一丘，相傳為石濤手筆，譽為石濤疊山的『人間孤本』。」他又說：「在堆疊片石山房之前，石濤對石材同樣進行了周密的選擇，以石塊的大小，石紋的橫直，分別組合摹擬成真山形狀，還運用了他畫論上的『峰與皴合，皴自峰生』的道理，疊成『一峰壘起，連岡斷塹，變幻頃刻，似續不續』的章法。」

　　第二個是個園。個園今日亦屬全國文物保護單位，疊石奇巧，廳堂華美，花木蔥蘢，布局緊湊。相傳個園疊石，依據的是石濤畫稿。石濤《畫語錄》有「四時」之章，今日可見個園假山四區，四區石料不同，分別為筍石、湖山石、黃石及石英石，分別體現「春山淡冶而如笑，夏山蒼翠而如滴；秋山明淨而如妝，冬山慘淡而如睡」的畫理。

　　三是萬石園。此園清代有多種史料記載，地近康山，為汪氏宅。汪氏按石濤畫稿布置，用石累萬，據載有大小石洞數百。萬石之間有亭臺樓榭點綴，分別名「援松閣」、「梅舫」、「越香樓」、

「臨漪欄」等。清詩人有多種吟詠萬石園之詩歌，據載，乾隆年間，此園已廢圮。

第十一章 石濤人物

石老慣以寫生兼工人物，兼胸中廣於見解，
一舉一動俱出性情。—— 王士禎〈畫跋〉

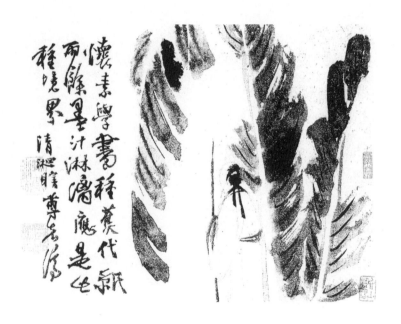

石濤《芭蕉人物圖》

石濤在遺世畫作中，人物畫的數量不多，但甚為精彩。石濤早年學畫，在山水、花鳥、人物諸方面都下過苦功夫，極勤奮，加上天資聰悟，師法前人，有深厚的基礎功，以至後來得心應手，獨領風騷。早年他曾畫過〈十六羅漢畫軸〉，在宣城時，梅清欣賞後，認為「可敵李伯時」，認為他的人物畫水平與宋代的人物畫巨匠李公麟不相上下，制了一方「前有龍眠」的圖章鈐於畫幅。龍眠山係李伯時隱居處。嘔心瀝血的作品為人垂涎，不慎為人竊去，石濤為此「忽忽不樂」三年。晚年他曾受人之托作〈摹仇英百美圖〉，是一幅大制作。顧名思義，完成如此繁複的大作品，諸美人人各有面，需要在再創作時有極熟練的人物畫技巧。

石濤《觀音像》

石濤於宣城雙塔寺曾作〈觀音圖〉，現藏於上海博物館，和尚繪佛像供信徒叩拜，本屬常事，只是今人可以見到的觀音像極莊嚴，也極美麗，極嫵媚，充分表現了女性的柔和。人物雙目微開，諦視下方，身軀微前傾，一副親和形象；人體各部分比例恰當，肩部及四肢輪廓、線條自然流暢。值得注意的是觀音留有長髮，長髮纏耳，從法衣中飄至兩側，呈不規則狀，展現女性魅力。石濤早年即作佛像，也力求個性化，與眾不同，顯示藝術才華。

　　敬亭山時代，石濤曾於讀杜甫〈天育驃騎歌〉後，作〈人馬圖〉，畫了一匹李唐天子乘坐的千里馬，還有一位皇家牧馬人「太僕張景順」。他畫的馬是「龍馬」，也是「天馬」，目光平視，亮而有神，尾巴高揚，足以興風。體態飽滿，強健有力，毛色是花斑狀，黃綠紫諸色交雜，極為亮麗。牽馬人張太僕著唐人衣冠，精心護馬，神態嚴肅。石濤自述「師雪松筆意為之」，又說「任是清湘一家法」，這就是說，趙孟頫的人馬圖的題材給了他的啟發，他參考趙畫的構思，運用自己的理解與技能進行了再創作。這幅畫反映了他早年注意師法傳統，但又有能力重在創造。

　　石濤曾經幾度作自畫像，宣城時代的自畫像眉目清秀，形體瘦削，倚松坐石，給人一種超脫、安詳、隨意、睿智的印象，審視強方，欲言又止。此時的石濤繪有一頭烏黑的濃髮，既不剃髮，又不紮辮，顯然不是雙塔寺僧人的真實形象，具有畫人嚮往的浪漫色彩。早年的自畫像中伴有猿猴、猴子正在種樹，這是寫實，也是想象。石濤老年時代也有自畫像，相貌清癯，身體瘦弱，有鬚有髮，著僧衣，但非僧非道。畫中人端坐藤椅，一手執拂，慈眉善目，狀極謙和。石濤對於自己的性格特徵，有精到的把握。石濤晚年時還畫過一幅〈白頭人圖〉，題句為「若無青嶂月，愁殺白頭人。」繪山嶺古松之側，二老人一坐一立，遙望山月，繪畫純用寫意手法，寥寥數筆，傳達暮年人的滿腹憂思。所謂「以形寫神」，所謂「意在象外」，這幅畫體現得相當明顯。

　　石濤不止一次畫過人與牛。有一幅〈對牛彈琴圖〉，畫的是道家故事，鼓琴者著道家衣冠，琴前有一墨牛，蹲伏地上。畫上有曹寅等三人長跋，反映石濤晚年在揚州與與官府有交往。石濤和曹寅詩最後幾句是：「此使一掃不復禪，玄牛大笑有誰爾？牛

也不屑與人語，默默無聞大滌子。」彈琴的人和牛是溝通不了的，人譏笑牛；但是牛認為人不能了解牛，心中也暗暗譏笑人。人與牛其實是相互不屑的，石濤為什麼要借畫面發這樣的牢騷？這就迫使讀畫人去細細思索了。石濤還畫過一幅〈大滌子自寫睡牛圖〉，離奇之至。

　　石濤內心世界的表達，早年是注意克己，不像八大那樣孤傲，也不像髡殘那樣落落寡合。到了晚年，流寓揚州，脫離禪門，賣畫為生。生活的自由度大了一點，心靈的自由度也大了一點。便有許多放肆的言論，放肆的作品。〈自寫睡牛圖〉為贈人之作，畫一睡中之人，騎在一頭倦牛上，酒後慢慢歸去，他說是「牛睡我不睡，我睡牛不睡。」糊裡糊塗地往前走，「牛不知我睡，我不知牛累。」畫的什麼呢？他說畫的是「生前之面目，沒世之蹤跡。」彷彿是偈語，又彷彿是一段人生懺悔錄。這一輩子該做的事未做，該懂的事未懂，睡人睡牛，糊裡糊塗往前走，反映倦極、苦極、慚極、悲極的暮年心態。圖題還有「余不知恥」之說，胸中有難言之隱。這是一幅寓哲理、人生、歷史、藝術於一體的一幅名畫，耐人咀嚼。

第十二章　石濤藝術觀

空鈎人物稱能事，前有龍眠今有濟。

一畫成形眾畫隨，心手寧為筆墨使。

　　　　──汪士慎《巢林集》卷二

石濤《木石圖》　　　　　　石濤《雨也淋漓圖》

　　揚州八怪之一的汪士慎，在雍正年間或乾隆初年，是閱讀過石濤的《畫語錄》的，他對石濤所繪〈班惠姬小像〉讚美備至，認為這是石濤藝術理論上「一畫」說的實踐，心手相隨，才畫出這樣儒者氣度、仙人風姿的美女。

　　石濤的繪畫在康熙年間為畫壇主流派所側目，出身可能是原因，但更明顯的原因是因為他無所師承，自作主張，自立門戶。你們一味師法古人，古人為什麼不可以師法我呢？石濤自樹旗幟不僅有實踐，還有理論。他的畫論散見於各種題跋中，更集中於他晚年在揚州所撰寫的一本繪畫理論。這本著作以傳抄本傳世，有兩種版本，一名《畫譜》，一名《畫語錄》。《畫語錄》在輾轉抄寫出版過程中，或名《苦瓜和尚畫語錄》，或名《石濤畫語錄》。兩種本子章節相同，題目相同，只是文字方面稍有差異。可以判定為石濤生前的最後稿本《畫譜》由胡琪於康熙四十九年（1710）作序，他認為石濤一生與大自然為伍，「聽命於天地八卦久矣」，他認為石濤從大自然之變化規律中獲得感悟，發為畫理，觸類旁通，寓巧於拙，他認為石濤的藝術理論，不在任何古代藝術理論的範圍之中，純粹是別出心裁的一家之言。至於《畫語錄》，雍正年間有汪繹辰跋語，他這樣說：

　　　　大滌子本先朝後裔，失國後抱憤郁之志，混跡於禪。凡為
　　　　詩文字畫，皆有磊磊落落，奇奇怪怪之氣，流露其間。
　　　　《畫語錄》一冊，立志既幽深窈渺，而造語又自成一子，
　　　　畫家不傳之秘，發泄於世，最可寶也。

　　《畫語錄》共十八章，每章要點，力求化艱深為淺易，概述於後：

　　〈一畫章第一〉：「一畫」論乃藝術美學的理論基礎與出發點，

萬物源於一，藝術的千變萬化源於一畫。道、釋、佛三家，特別是道家的宇宙觀乃「一畫」論的哲學基礎與理論支柱。

〈了法章第二〉：繪畫有法，繪畫也無法。不為成法所束縛才算明白了一畫之道。

〈變化章第三〉：反對泥古不化，強調「我之為我，自有我在。」繪畫應有自家面貌。

〈尊受章第四〉：強調畫人要重視運用感覺器官感知外部世界，使心手相應；強調深入生活。取得創作的靈感，然後化為繪畫藝術。

〈筆墨章第五〉：「繪畫之筆墨要有靈有神，關鍵在兩點：一是蒙養，二是生活。

〈運腕章第六〉：畫理與畫法是同等重要的，在通曉畫理的基礎上通曉畫法，需要從運腕入手。

〈氤氳章第七〉：強調山水畫要畫出大自然本身存在的生氣，要表現出畫人自家面貌，「以一分萬，萬以治一。」

〈山川章第八〉：山川有形與神兩個方面。山水畫的創作經驗，便是「搜盡奇峰打草稿」，便是與山川「神遇而跡化」，使其形神兼備。

〈皴法章第九〉：山水畫中的皴法，在於表現山石有生命力的真實面貌，峰與皴合，皴自峰生，山峰有別，皴法也有別，

〈境界章第十〉：一般山水畫在構圖時有「三疊」法與「兩段」法。可以這樣分割畫面，但要貫通一氣，不可拘泥。

〈蹊徑章第十一〉：解說山水畫的六條經驗之談，指出這是山水畫提高觀賞效果的取勝之道。

〈林木章第十二〉：總結繪畫林木姿態求參差錯綜，用筆求

虛靈空妙的創作經驗。

〈海濤章第十三〉：海與山在風韻方面相似而相通。我是山的知己，也是海的知己，所以筆下的山海別具風流。

〈四時章第十四〉：作山水畫要注意畫面的季節特點，我之繪畫經驗，在於使詩意、畫意、禪意三者相通。

〈遠塵章第十五〉：「畫貴乎思」，「思」的焦點又在「一畫」。潛心於一生萬物，萬物歸一的道理，便可不為物蔽，不與塵交。

〈脫俗第十六〉：畫人應去愚求智，去俗求清。能智能清，筆下描繪天地山川萬物便能心手自如，進入自由境界。

〈兼字章第十七〉：兼論書法，認為書畫同理。同源於自然之美，但造就的高低，還要看人的主觀努力如何。

〈資任章第十八〉：山水畫人要接受大自然的賦予，從生活實踐中接受營養。一味泥古，閉門造車的「畫聖」是不可取的。

讀《畫語錄》，筆者有如下六點認識貢獻讀者：

一、從理論到實際，這是中國第一部系統完備、論述周詳的山水畫論著作，也可以算是第一部中國藝術論，可以與《文心雕龍》並駕齊驅。

二、《畫語錄》把哲學與藝術、生活與創作、理論與技法統一了起來，形成一家之言。他不僅是一位傑出的畫家，而且也是一位傑出的文藝理論家。

三、這部著作的主旨是鮮明的，強調藝術從生活中來，強調畫家要追隨時代，表現自我。

四、這部著作矛頭所指是明確的，強烈反對藝術只是重複前人，泥古不化。

五、對於日後 300 年寫意派繪畫的發展，《畫語錄》起到了

　　巨大的促進作用，它為寫意畫提供了理論基礎，指明了
　　發展途徑。
六、誠如批評家所言，《畫語錄》大醇而小疵，小疵之處，
　　在於文意迷濛，用語艱深，可以意會，難於明解。

第十三章　石濤之歿

> 石公之性不可聞，石公之筆今可存。
> 北丘累累多秋墳，西風何處招孤魂。
> ——閔華〈題石濤和尚自畫墓門圖〉

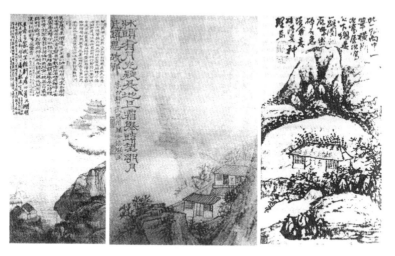

石濤《巢湖圖》　石濤《唐詩畫意圖》　　石濤《課徒畫稿》

賣畫走四方

　　晚歲石濤，以揚州為立足點，在揚州賣畫，也在周邊蘇皖地帶賣畫。

　　揚州西去，便是真州。真州即今日儀征。儀征史載，清初曾有「石濤讀書學道處」。據史話，徽商鄭肇新在真州經營鹽業，石濤是鄭氏別業常客。鄭氏在江村有一處規模很大的園林，石濤為其設計十三景，這十三景是：香葉山堂、見山樓、華黍齋、耕煙閣、小山湫、東溪白雲亭、溉巖、芙蓉沜、筬徑、度鶴橋、因是庵、寸草亭、乳桐嶺。石濤往來真州揚州兩地，自稱十分方便：「儀揚取便如屋裡，朝發真州暮廣陵。」石濤曾經為園林作〈白沙翠竹江村圖〉，12景，題句中自稱「潦倒清湘客」，詩句中有「放眼江天外，賒心寸草亭。」他畫作有〈江村泛舟圖卷〉，作於康熙三十四年（1695），題句中有「主人如鄭虔，竹樹開高樓；平疇接沙諸，遠峰送雙眸。」地點在江上，可以見到鄭氏江邊園林樓宇。

　　晚年住揚州時，曾重訪金陵。康熙四十一年（1702），石濤曾在金陵烏龍潭作〈設色雲山圖〉，後來補長跋。畫幅寫山在雲中，雲霧繚繞，山嶺、房屋若隱若現，全係水墨功夫，註明「清湘大滌子極壬午三月烏龍潭上觀桃花寫此」。可能是遠出賣畫路過金陵所作。兩則長跋都是闡述作畫用筆用墨心得，是研究石濤藝術觀念與筆墨技巧的重要物證。

　　某年，石濤曾由揚州至歙縣「避暑」。接待石濤的主人名程浚，字葛人。石濤贈詩中說程君「慷慨揮金結四方，風流文采分紙昂。」說明這一年夏天，程先生重金禮聘石濤，迎接至歙縣作畫。程府有畫室，名松風堂，他在松風堂畫蘭竹，然後題詩頌蘭

竹，其實是一語雙關：

> 極清極秀品難當，不是仙風道骨蒼。
>
> 靜對猶疑修禊後，飄空如接李詩狂。

　　歌頌蘭竹，歌頌主人，也歌頌自己。他把自己比作李太白。估計鄭君是業鹽揚州的富商，當年來往於揚州徽州之間船只很多。石濤曾作〈天都峰圖〉，題句中涉及「松風堂」，「松風堂在籠叢中」，程府在黃山腳下，溪水之側，花樹叢中。石濤詩中還述及他與徽州富商的往來不只程姓一家，還有潛口汪府、吳府等等。當時向石濤買畫的富商甚多。這些人有銀子，又有文化。

　　當年向石濤買畫的人，不僅有富商，還有官府。盧州太守張見易，還有「相國」李容齋慕石濤之名，接石濤至合肥作畫，李氏可能曾在清廷擔任過大學士之類要職，現在致仕鄉里。石濤曾在一幅〈巢湖圖〉上如此題跋：「合肥李容齋相國與太守張見易兩先生相招余，以昔時芝麓先生稻香樓施余為掛笠處，余性懶，不能受，相謝而歸。」石濤孤身一人，書畫天才，聲名遠播，接待安排不會有多大麻煩，但是在石濤看來，合肥雖好，並非久留之地，他還是要回到揚州。

　　石濤歸程中，在巢湖遇巨風受阻，他作〈巢湖圖〉。巢湖有中廟，石濤棄舟登岸，攀中廟鳳閣，詩中有「且踏浮雲登鳳閣，慢尋濁酒問仙舟。人生去往皆由定，始信神將好客留」句。

最後的歲月

　　石濤晚年的一塊心病便是思念家鄉，問題是家鄉已無親無友，而自己已年老力衰無力長途跋涉。在歙縣時他曾經寫過這樣一首詩：「明月不留人，紅顏易衰老。何日歸湘溪，與春依舊好。」

他不是一個行為果敢的人，想到的事不能做到，依然歸老揚州。他有時把思鄉之情寫在他的畫幅上：「慣寫平頭樹，時時易草堂。臨流獨兀坐，知意在清湘。」悲慘的身世，孤獨的人生，盡管晚年生活安定，但心境非常悲涼，不能自遣。晚年一位來自山東萊陽的崇拜者姜實節如此描寫晚年的石濤：

> 廣陵客子無聊甚，終日勞勞手不停。
>
> 白髮黃冠淚欲枯，畫成花竹影模糊。
>
> 湘江萬里無歸路，應向春風泣鷓鴣。

石濤的去世，綜合各種資料分析，在康熙四十六年秋冬之際，歲屆丁亥。公元為 1707 年，老人 66 歲[18]。老人生命的最後兩年裡書畫不輟，但心境一直處於淒苦狀態，也可以說，對於即將到來的生命的終結，有預感。丙戌年春日畫梅花，他說「怕看人家鏡裡花，生平搖落思無涯。」又說「枯根隨意活，墮水照人空。」都是不祥之語。秋日在山水畫中題「飄零江海未歸去，笑我蕭蕭雙鬢華。」冬日繪竹屋松巖，說是「及早辭車馬，將身此處閑。」感到來日無多了。到了丁亥年，三月畫竹，筆下全無春意。說是「留有寒香入肌骨，不必風雨也蕭蕭。」自感生命已進入嚴冬季節。到了七月，自署「病腕」；到了秋天，自署「抱病久之」，嗣後，再無作品傳世。「病腕」很可能是心血管系統疾病的反映，辭世時間，在秋冬間。

18　石濤歿年，學術界歷來意見不一。近年發現《虹峰文集》，參閱石濤繪畫作品多種繫年，多數學者力持此說。

輓　歌

　　石濤揚州居留時代的弟子和類似弟子的朋友很多。石濤的〈課徒畫稿〉八幀目前存美國普林斯頓大學[19]。江都人洪陔華是石濤弟子，曾藏石濤〈自述〉，「次序頗詳」。遺憾的是，這篇自述今日尚未發現。揚州八怪之一的高翔，石濤歿後 10 餘歲，經常出入於石濤之門，應當說是石濤事實上的藝徒。石濤自畫〈墓門圖〉，慨嘆「誰攜一石春前酒，漫灑孤山雪後墳。」他的墓當時在平山堂後。高翔執弟子禮，《揚州畫舫錄》說他「每歲春掃其墓，至死弗輟。」是一個非常講究尊師重道的人。石濤曾自稱「一枝人」，高翔曾鐫「一枝生」，繼承石濤衣鉢，高翔畫山水，「參石濤之縱姿」，大開大合，氣象雄闊。江都人閔華，也是石濤的崇拜者，尊敬石濤，同情石濤，對石濤的畫藝推崇備至。石濤歿後，他有兩首〈過石濤上人故居〉，詩云：

> 僧帽儒衣老畫師，蕭然危坐此樓時。
> 澤蘭叢與瀟湘竹，迅掃霜毫憶楚詞。
> 一帶頹垣隱樹根，阿誰曾識舊清門。
> 至今門外春流色，猶染當年浴染痕。

　　石濤還有一位知心朋友，即興化李驎。李驎因家鄉水災，遷居府城揚州，與石濤交友先後 10 年。石濤歿後，李驎作〈哭大滌子〉小律四首，這四首詩排列於〈秋杪臥病〉之後，在丁亥秋冬送客詩之前，詩集編排通常按時間先後排列，那麼，石濤之死，當在丁亥年秋冬之際了。詩的第一首這樣說：

19　畫家蕭平訪美期間，曾見畫稿並攝像，撰文發表於《江蘇畫刊》。

雕喪關天意，慭遺唯有君。

親賢瞻隔代，書畫震空群。

忽又驚星殞，陰霾接楚雲。

「雕喪」指明代之亡，「慭遺」指石濤為僅存的宗室。慭遺，語見《左傳》。讚揚其人品畫品後，悼石濤之亡。末句原有小註云：「前年八大山人死」。據此可知，八大山人歿於乙酉（康熙四十四年，1705 年），而石濤則歿於丁亥（康熙四十六年，1707 年）。「誰意君先我，翻教我哭君。」當時兩個人都生病，李驎病愈時，石濤已成古人了。

揚州遺蹤處處

（一）小秦淮。當年大滌草堂建於東門外小秦淮河之側，登小閣看河中畫舫與舟中綠女紅男，得城市山林之趣。今日小秦淮河與大東門仍在，清代風貌依稀可尋。小秦淮河係古城南北水道，今日小樓連片，花木扶蘇，堤路整修，駁岸修整，多了一點現代化氣息。今人擬重建大滌草堂，正在熱議中。

（二）片石山房。陳從周教授考證，此區假山為石濤疊石人間孤本。山房位於城東南隅何園內，屬園中之園，山石架接自然，山腹有斗室，山上有老梅，登山有曲徑蹬道，回旋環繞，咫尺山林。園內回廊環抱，池水清澈，古屋毗連、亭閣翼然。

（三）文昌閣。石濤曾於某年暑日，從南門外乘舟至文星（昌）閣訪友人狄向濤於此。今日此閣位於古城中心，流光溢彩，成為城市標誌性古建築。

（四）南園舊址。石濤有圖，繪畫人曾訪友閔賓連等於此處，此圖所在今日為荷花池公園，遊人如織。

（五）虹橋。舊稱紅橋，北區名湖鎖鑰，王漁洋修禊於此。石濤有圖，繪紅橋風物，今日此橋猶存，交通孔道。

（六）平山堂。石濤見康熙處，同時石濤之墓在平山堂後。今日大明寺香火鼎盛，平山堂保存完好，有石濤紀念標誌，屬旅遊名區。

（七）靜慧庵遺址。寺已不存，今日為嘉荷苑居民小區，東臨運河。

第十四章　石濤之評

> 橫看成嶺側成峰，遠近高低各不同。
>
> ──蘇軾〈題西林壁〉

石濤《花卉圖》

人品之評

石濤人品，清代論者普遍認為屬於高僧，未聞異議。民國以後，有人認為石濤「不甘岑寂」，有人認為「變節」，有人認為「高僧不高」。

夜夢石濤，石公囑我向批評者代述心跡，於是仿黃賓虹先生例，作長歌一首，為石公代言：

> 帝藩之後，故土清湘，牙牙學語，國破家亡。同室操戈，
> 血染漓江，遁入空山，權充和尚。和尚有伴，師兄喝濤，
> 亦兄亦僕，攜我同逃。日讀經文，夜讀離騷，學書學畫，
> 清苦難熬。大難大苦，尋求庇護，證道松江，臨濟為伍。
> 寄身雙塔，青山可數，人到中年，晨鐘暮鼓。鐘鼓聲聲，
> 歲月悠閒，攀援鳥道，我上黃山。造化神奇，水繞山環，
> 賜我氤氳，助我攻關。畫道衰微，為時已久，別開生面，
> 尚欠旗手。我師黃山，黃山我友，畫為時識，買舟東走。
> 東走長干，聊寄一枝，畫名遠播，為時所知。根治兩河，
> 康熙東馳，兩次召見，頗具風儀。人謂我卑，我笑人癡，
> 時光荏苒，斗換星移。伯夷之子，仍充伯夷？刻舟求劍，
> 豈合時宜？我去帝京，非為人誤，千鈞弩發，不為求兔。
> 天壽諸陵，一淚一步，白燕樓中，古畫無數。黃公笑我，
> 不甘岑寂，我語黃公，慎重史筆。僧俗殊途，貴賤有別，
> 乞食苦瓜，豈是甜蜜？晚歲揚州，大滌草堂，勞勞不輟，
> 賣畫充腸。棄佛從道，黃冠儒裳。庭有蘭草，王者之香。
> 終我一生，非僧即道，誣我失節，豈不可笑？知己何人，
> 知我懷抱！我非聖賢，常人之情，我非英雄，未嘗舉兵。
> 賣畫老僧，價由人定，褒我貶我，只得隨人。未食清祿，

賣畫終身，說我叛徒，豈可應承？豬尾未拖，可作證明，
左風宜歇，論須持平。文曲諸公，筆下留情。

藝術之評

石濤身後繪畫之評，可謂車載斗量。通常的說法則列石濤為
清初四大畫僧之一，四大高僧之一，而且在繪畫方面，列為四僧
之首。多數治畫史者，且列石濤為近現代寫意派畫家宗師，被列
為中國十大著名畫家之一。但對石濤畫藝也有持批評態度者。其
主要論述轉述於後，以內容分列為十評。重複意見，不再羅列。
為便讀者理解，評語以後，必要時加評論之註評，以供參看。

（一）石濤之畫，不落前人窠臼，開一代畫風。

齊白石：「絕後空前釋阿長，一生得力隱清湘。胸中山水奇
天下，刪去臨摹手一雙。」（〈題大滌子畫〉）

齊白石：「邁古超時具別腸，詩書兼擅妙諸王。埔亡亂世成
三絕，千古無慚一阿長。」（〈天津美術館來函徵詩文〉）

齊白石：「下筆誰教泣鬼神，二千餘載只斯僧。夢香願下師
生拜，昨晚揮毫夢見君。」（〈題大滌子畫像〉）

潘天壽：「石溪開金陵，八大開江西，石濤開揚州，其功力
全從蒲團中來，世少徹悟之士，怎不斤斤於虞山婁東之間。」（〈聽
天閣畫談隨筆〉）

俞　樾：「道濟山水蘭竹禽魚花草，亦不落前人窠臼，然與
八大山人同車異轍。山人筆墨以筆為宗，和尚筆墨以墨為法，蹊
徑不同而胸襟各別。江淮間頗尚和尚墨寫山水，每得壹幀，如獲
拱璧。余獨以所寫青綠山水為冠。然青綠非他人工細者比。和尚
乃以草綠筆蘸石綠石青，橫塗豎抹，即以耳筆蘸墨皴染作骨，有

不可一世光景，蓋以氣勝者也。往年在津門購得一冊僅九開，每開墨寫果品數枚，偶有加赭綠者。每片有題句，字皆潦草而有法度。攜至泰安，崇雨鈴太守愛而留之。」(《春在堂隨筆》)

大村西崖[日]：「清代畫人之中，輕視技巧，直寫己之胸臆，人物花卉山水，皆出人意表，全脫作家之窠臼者，唯金冬心與大滌子，無能出其右者矣。」(《中國美術史》)

（二）石濤之畫，至人無法，但功力甚深。

陳　邃：石濤藝術「果率爾操觚這比耶，其畫工力卓絕，偶一回腕，幾於針縷皆見，特不屑屑於形跡耳。劉季讀書不在章句間，清湘畫體正復類之。」又說：「倪黃工力尚不及石濤遠甚，遑論後人。」(《蝶野論畫》)

李　驎：石濤「書畫皆以高古為骨，間以北苑、南宮，淹潤濟之，而蘭菊梅竹尤有獨到之妙。」(〈大滌子傳〉)

汪繹辰：「余藏大滌畫甚多，其筆墨之高古神妙，無法不備，當與大癡老迂相伯仲，而詩跋之清老，要非宋元以下手筆。」(〈大滌子題畫詩跋跋語〉)

（三）石濤之畫，重在寫意，是四百年間寫意派的宗師。

李　鱓：「揚州名筆如林，而寫意用筆之妙，生龍活虎，以本朝石濤為最，可與青藤道人並駕齊驅。」(〈畫跋〉)

曹　寅：「是卷中人物山水，亭閣殿宇，風采可人，各各出其意表，令觀者不忍釋手，真石老得意之筆也，於是乎跋其後。」(〈大滌子山水畫跋〉)

王士禎：「古今畫家，以人物寫生稱不易作，多因有象，故其難也。今石老慣以寫生兼工人物，蓋胸中廣於見解，一舉一動

俱出性情。近代諸家有所不為,皆無此深想,唯石老無一怯筆。每逢巨幅,更有瀟灑之趣。」(〈石濤畫跋〉)

(四) 石濤之畫,筆墨縱恣,以奔放勝。

秦祖永:「清湘老人道濟筆意縱恣,脫盡畫家窠臼,與石谿師相伯仲。蓋石溪沉著痛快以謹嚴勝,石濤排奡縱橫以奔放勝。師之用意不同,師之用筆則一也。後無來者,二石有焉。」(《桐陰論畫》)

邵松年:「清湘老人畫,筆情縱恣,脫盡恒蹊。有時極平常之景,經老人畫出,便覺古厚絕倫。有時有意為之,尤奇辟非人間所有。有時排奡縱橫,專以奔放取勝;有時細點密皴,專以枯淡見長。昔人謂其每成壹畫,與古人相合,推其功力之深。吾則謂其生郁勃之氣,無所發洩,一寄於詩書畫,故有時如豁然長嘯,有時若戚然長鳴,無不於筆墨中寓之。」(《古緣萃錄》)

何紹基:「畫至苦瓜和尚,奇變狡獪,無所不有矣。最其得意處,則黃山之松也。萬山青破中,著古怪衲子,如吸雲光,飲濤綠者,蓋苦瓜自寫照耳。」「苦瓜和尚論畫秘錄十八章,空諸依傍,自出神解,為從來丹青家所未道。氤氳一章,尤為簡括妙蘊。」(〈畫跋〉)

(五) 石濤之畫,古而秀。

戴　熙:「世稱麓臺嘗云,東南有清湘在。清湘恃高秀之筆,為纖細,為枯淡,為濃煤重赭。麓臺鑒賞矜嚴,數者當非所取,不知何所見而推尊?今觀溪南八景,方識清湘本領:秀不虛,實不空,幽而不怪,淡而多姿。蓋同時石谷、南田,皆稱勁敵,石谷能負重,南田能輕舉,負重輕舉者其清湘乎!麓臺殊不紿我。」

（〈跋溪南八景圖〉）

王文治：「清湘畫不必深入古人格轍，一種淋漓生動之氣，殊非余子所及。此冊為試碩齋所藏，奇險中兼饒秀潤，可寶也。」「清湘最善摹擬古人詩意。余舊藏太白詩意小冊，有『秋色無遠近，出門盡寒山』。及『一溪初入千花明，萬壑度盡松風聲』諸圖，皆極形容，造微入妙，久為愛者取去，見此冊復記憶之。」（〈快雨堂題跋〉）

錢　杜：「石濤師下筆古雅，設色超逸，每成一幀，輒與古人相合。嘗見其〈清明上河圖〉，自云師張擇端，頗得神似，而用筆之細秀古拙，當在擇端之上。又工摹宋緙絲壹卷最奇。起作樓閣，既為海濤，雪際二鶴，尾作旭日壹輪，巨如梳，皆一筆寫成。正如天孫雲錦，光華璀璨，非人間機抒所彷彿者。」（〈松壺畫憶〉）

陳衡恪：「清湘筆力迴萬牛，中含秀潤雜剛柔，千筆萬筆無一筆，須在有意無意求」。（〈為俞劍華題畫〉）

（六）石濤之畫，全以氣韻勝。

金　城：「畫至八大石濤，其用筆施墨，粗之至奇之極矣。然我嘗見山人畫梅，疏花勁幹，殊得高逸之致。見大滌子畫竹，風枝露葉，殊得蕭散之趣，氣韻之妙，無以復加。統觀全幅，絕無一點霸悍之氣擾其筆端。可見其於畫理，研究極深。迴非漫然涉筆點墨者比也。」（〈畫跋〉）

（七）石濤之畫，長於用墨。

李　鱓：「八大山人長於用筆，而墨不及石濤。清湘大滌子用墨最佳，筆次之。筆與墨合生動，妙在用水。余長於用水，而

用墨用筆又不及二公，甚矣筆墨之難也。」（〈題水墨花卉屏〉）

（八）石濤之畫，貌似粗拙，其實精妙。

陳寅恪：「石濤畫，凡美人山水花卉翎毛草蟲，無不精通，貌似拙劣，其實精妙。其俊秀處，殆難以言語形容」。（《中國繪畫史》）

（九）石濤之畫，晚年草率粗疏。

黃賓虹：「清湘老人所畫山水，屢變屢奇，晚年自署『耕心草堂』之作，則粗枝大葉，多用拖泥帶水皴，實乃師法古人積墨破墨之秘。從來墨法之妙，自董北苑僧巨然開其先，米元章父子繼之，至梅道人守而勿失。明代白石翁一生，全從蒼潤二字用功。藍田叔能蒼而不能潤，藍不如沈以此。石濤全在墨法力爭上游。」（《虹廬畫談》）

侗廛：「石濤的畫，亦有他的特點和佳處，但我總認為這與他的《畫語錄》和題識一樣，有時周抒艱深，故弄玄虛。他的花卉蘭竹，更見柔弱，缺乏骨力，這不能不說畫如其人了。」（《節操是藝術家的靈魂》）

徐建融：「就石濤整個藝術發展的歷程來看，他早期的作風還是認真踏實的，晚期則也許與賣畫應酬有關，畫得十分草率粗疏，信筆揮灑，病筆百出，單薄而又浮躁，很少有經得起細細玩味、深入推敲的精心之作。而後起的『揚州八怪』因其容易上手，紛紛起而仿效，結果反而中了他的病，染到自己身上來。所以華翼輪《畫說》乾脆直截，認為：『畫不可有習氣，習氣一染，魔障生焉，即如石濤、金冬心畫，本非正宗，習俗所貴，懸價以待，已可怪異，而一時學之者若狂，遂藉以謀衣食呀！畫本士大夫陶

情適性之具，苟不畫則已矣，何必作如此種種惡態？」雖不免偏激，但也自有其道理所在。」(〈石濤批判〉)

(十) 石濤之畫，只能處於大師與庸手的臨界點上。

徐建融：「他的藝術不僅是新奇的，而且也有相當的難度，只是根據他的才華，理應在難度方面更上一層樓。可惜的是，他並沒有以迎新而上的開拓精神知難而進，而僅僅在藝術的難關面前淺嘗輒止。究其原因，無疑是與他在傳統面前的淺嘗輒止相為因緣的。這就使得他的成就恰好處於大師和庸手的臨界點上，如果天賦稍有不逮，便不免淪為『揚州八怪』的惡俗。」(〈石濤批判〉)

侗　塵：「石濤質秀氣緩，如天女翱翔，難免有搔首弄姿之憾……石濤成為一名『小乘禪客』有餘，若論磊落大方，成其正果則不足。」「所以他最多只能追隨時代，而不可能成為壹種新畫派的領導者和開創者。」(《節操是藝術家的靈魂》)

石濤生平簡表

一歲　明崇禎十五年　壬午　1642 年
出生於廣西。可能是全州。全州隋稱湘源。

四歲　清順治二年　乙酉　1645 年
清軍占領南京，南明政權滅亡，靖江王自稱監國，旋被捕。石濤為宮中僕臣負出，逃亡在外。

九歲　順治七年　庚寅　1650 年
幼年流落湘楚間，至遲至本年，削髮為僧。

十歲　順治八年　辛卯　1651 年
習書法，習畫，「楚人往往稱之」。

十四歲　順治十二年　乙未　1655 年
自述此年畫蘭花。「十四寫蘭五十六」。

二十一歲　康熙元年　壬寅　1662 年
此前隨喝濤雲遊廬山、金陵、西湖諸地，日後詩畫中追記。約於本年前後，拜旅庵本月為師，正式歸宗，地點在松江。

二十五歲　康熙五年　丙午　1666 年
至宣城，住敬亭山麓廣教寺及其他寺廟。

三十九歲　康熙十九年　庚申　1680 年
轉寺至南京大報恩寺，室名一枝閣。後作述懷詩七首，自述「獨得一枝，六載遠近不復他出。」

四十三歲　康熙二十三年　甲子　1684 年
康熙首次南巡。十一月至南京，長干寺接見人群中，有石濤。

四十六歲　康熙二十六年　丁卯　1687 年
春日，至揚州，參與孔尚任主持之秘園雅集。

四十八歲　康熙二十八年　己巳　1689 年

康熙第二次南巡。春日過揚州時，石濤第二次見康熙，作〈紀事二首〉。

四十九歲　康熙二十九年　庚午　1690 年

至北京，住慈源寺。冬，作〈諸方乞食山水圖〉，擬南返。

五十歲　康熙三十年　辛未　1691 年

為博爾都作〈竹石圖〉，王原祁補坡石。

五十一歲　康熙三十一年　壬申　1692 年

秋日，乘舟南下，離開北京。冬日，定居揚州，直至終老。

五十四歲　康熙三十四年　乙亥　1695 年

五月，應邀去合肥作畫，夏日，滯留巢湖。初秋，在真州白沙江村。

五十五歲　康熙三十五年　丙子　1696 年

六月，在歙縣程浚宅之松風堂作畫。九月回揚州，作畫寄八大山人。

五十六歲　康熙三十六年　丁丑　1697 年

入住大滌草堂。詩寄八大山人，有「金枝玉葉老遺民」句。

五十七歲　康熙三十七年　戊寅　1698 年

致書八大山人，求作〈大滌草堂圖〉。

六十一歲　康熙四十一年　壬午　1702 年

春日至南京，觀烏龍潭桃花。

六十二歲　康熙四十二年　癸未　1703 年

夏日題跋中有「筆墨當隨時代」語，影響日後畫壇。

六十四歲　康熙四十四年　乙酉　1705 年

夏日淮揚間大雨成災，作〈記雨歌草〉。

六十五歲　康熙四十五年　丙戌　1706 年

　　書畫題句中有傷感語，如「飄零江海未歸去，笑我蕭蕭雙鬢華」，對於生命的結束似有預感。

　　六十六歲　康熙四十六年　丁亥　1707 年

　　秋日「病腕」，丁秋以後，畫跡不再出現。據李驎悼詩，歿於秋冬之際。

附錄：李驎《大滌子傳》

嗟乎，古之所謂詩若文者創自我也。今之所謂詩若文者剽賊而已！其於書畫亦然。不能自出己意，動輒規模前不能者，此庸碌人所為耳，而奇士必不然也。然奇士不一見也。余素奇大滌子，而大滌子亦知余欲以其生平托余傳。或告以東陽有年少能文，大滌子笑曰：彼年少安能傳我哉！遂造余而請焉。余感其意，不辭而為之傳。曰：

大滌子者，原濟其名，字石濤，出自靖江王守謙之後。守謙，高皇帝之從孫也，洪武三年封靖江王，國於桂林。傳之明季南京失守，王亨嘉以唐藩序不當立，不受詔。兩廣總制丁魁楚檄思恩參將陳邦傳率兵攻破之，執至閩，廢為庶人，幽死。是時大滌子生始二歲，為宮中僕臣負出，逃至武昌，剃髮為僧。年十歲，即好聚古書，然不知讀。或語之曰：「不讀，聚奚為？」始稍稍取而讀之。暇即臨古法帖，而心尤喜顏魯公。或曰：「何不學董文敏，時所好也！」即改而學董，然心不甚喜。又學畫山水人物及花卉翎毛。楚人往往稱之。

既而從武昌道荊門，過洞庭，經長沙，至衡陽而反。懷奇負氣，遇不平事，輒為排解；得錢即散去，無所蓄。居久之，又從武昌之越中，由越中之宣城。施愚山、吳晴巖、梅淵公、耦長諸名士一見奇之。時宣城有書畫社，招人相與唱和。闢黃蘗道場於敬亭之廣教寺而居焉。每自稱為小乘客。是時年三十矣。得古人法帖，縱觀之，於東坡醜字，法有所悟，遂棄董不學，冥心屏慮，上溯晉魏，以至秦漢，與古為徒。既又率其緇侶遊歙之黃山、攀

接引松，過獨木橋，觀始信峰，居逾月，始於茫茫雲海中得一見之，奇松怪石，千變萬殊如鬼神不可端倪，狂喜大叫，而畫以益進。時徽守曹某好奇士也，聞其在山中，以書來丐畫，匹紙七十二幅，幅圖一峰，笑而許之。圖成，每幅各仿佛一宋元名家。而筆無定姿，倏濃倏淡，要皆自出己意為之，神到筆隨，與古人不謀而合者也。時又畫一橫卷，為十六尊者像，梅淵公稱其可敵李伯時，鐫「前有龍眠」之章，贈之。此卷後為人竊去，忽忽不樂、口若喑者幾三載云。

在敬亭住十有五年，將行，先數日，洞開其寢室，授書廚鑰於素相往來者，盡生平所蓄書畫古玩器，任其取去。孤身至秦淮，養疾長干寺山上，危坐一龕。龕南向，自題曰：「壁立一枝」。金陵之人日造焉，皆閉目拒之。惟隱者張南村至，則出龕與之談，間並驢走鍾山，稽首於孝陵松樹下。其時自號「苦瓜和尚」，又號「清湘陳人」。住九年，復渡江而北，至燕京，觀天壽諸陵。留四年，南還，棲息於揚之大東門外，臨水結屋數椽，自題曰「大滌堂」，而「大滌子」之號因此稱焉。一日，自畫竹一枝於庭，題絕句其旁曰：「未許輕栽種，凌雲拔地根。試看雷震後，破壁長兒孫。」其詩奇峭驚人，有不可一世之概，大率類此。

大滌子嘗為余言：生平未讀書，天性粗直，不事修飾。比年，或稱「瞎尊者」，或稱「膏肓子」，或用「頭白依然不識字」之章，皆自道其實。又為余言：所作畫皆用作字法，布置，或從行草，或從篆隸，疏密各有其體。又為余言：書畫皆以高古為骨，間以北苑、南宮，淹潤濟之，而蘭菊梅竹尤有獨得之妙。又為余言：平日多奇夢。嘗夢過一橋，遇洗菜女子，引入壹大院觀畫，其奇變不可記。又夢登雨花臺，手掬六日吞之。而書畫每因之變，若

神授然。又為余言：初得記別，勇猛精進，願力甚弘，後見諸同輩多好名鮮實，恥與之儔，遂自托於不佛不老間。

嗟乎！韓昌黎送張道士詩曰：「臣有膽與氣，不忍死茅茨。又不媚笑語，不能伴兒嬉。乃著道士服，眾人莫臣知。」此非大滌子之謂耶！生今之世而膽與氣無所用，不得已寄跡於僧，以書畫名而老焉，悲乎！

李子曰：甚矣，人之好疑也。大滌子方自匿其姓氏，不願人知，而人顧疑之，謂：高帝子孫多隆準，而大滌子準不隆。不知靖藩，高帝之從孫也。從孫而肖其從祖者，世蓋罕焉。況高帝子孫亦不盡人人隆準也。漢高隆準，光武亦隆準，至昭烈，史止言其垂手下膝、顧目見耳，而不言其隆準。然此皆天子耳，尚不盡然，又何論宗室子乎？即此可知大滌子矣！而人顧疑其不必疑者，何哉？

——《虹峰文集》卷十六

後 記

　　黃山之旅，記憶中常存的形象是壁上的幾株松樹。寸草不生的地方，石頭縫隙裡怎麼會冒出這幾株參天大樹？迎風嘯傲，郁郁蒼蒼。在似乎無法生存的地方偏偏生存了下來、崛強、孤傲，風霜雨雪、烈日嚴寒又奈我何？生命，這就是生命魅力。存在於這個世界的生命，有的羸弱，有的堅強。黃山之松，是這個世界上頑強生命力的一種表率。

　　記憶中常存四僧形象，就是因為他們是人類中的黃山之松。在看似難於發展的空間獲得發展，在缺少尊嚴的時代獲得尊嚴。付出是驚人的，危難、貧窮、孤寂，甚至佯狂。苦難有兩重性，苦難可以毀滅生命，苦難也可以造就偉人。為四僧立傳，是藝術的頌歌，也是生命的頌歌。

　　寫過八大山人，那是小說；寫過石濤傳記，那是陳年往事。對於步入耄耋之年的白髮老人而言，不用電腦，有這樣的毅力於北窗下一個字又一個字地為四僧立傳，就是因為腦海中有揮之不去的黃山之松。頑強的生命現象使人慚愧，也催人奮進。在這個世界上使我感動的東西，倘若缺少釋放的激情，暮年的靈魂便不能安寧。

　　應當感謝李萬才、薛鋒、陳社旻、尹文幾位文友，讓我閱讀了更多的史料；應當感謝關中的朋友党明放先生，是他催促伏櫪老驥再供馳驅，並且代勞了從聯繫出版到文稿打印到清樣校對等種種瑣務；應當感謝蘭臺出版社社長盧瑞琴小姐及總編雷中行先生、責編林育雯小姐等諸君青眼，使我鼓足了再完成一本書的銳氣。當然，還得感謝同年老妻潤生，裡裡外外勞作不息，讓飯來張口、衣來伸手的我安靜地走進黃葉書屋。

　　書稿中「石濤」部分，若干章節取自已出版舊著，十中取一。

　　這是我出版的第 20 本書了。「20」象形，經過幾個彎道，終於來到了畫圈圈的地方。句號圓形，但願這是圓滿的句號，圓圈裏面看似空白，仔細看去，似乎還有些內容。

丁家桐

2014 年小暑於揚州茱萸灣

時年八十又四

國家圖書館出版品預行編目資料

石濤、八大、髡殘、漸江—畫壇四高僧 / 丁家桐　著
-- 民國 104 年 1 月　初版.-- 臺北市：蘭臺出版社 -
ISBN：978-986-6231-98-8　(平裝)
1.佛教傳記 2.畫家 3.中國
229.3　　　　　　　　　　　　　　103021334

書法藝術叢書 9

《石濤、八大、髡殘、漸江—畫壇四高僧》

著　　者：丁家桐
執行主編：高雅婷
執行美編：高雅婷、古佳雯
封面設計：林育雯
出 版 者：蘭臺出版社
發　　行：蘭臺出版社
地　　址：台北市中正區重慶南路 1 段 121 號 8 樓之 14
電　　話：(02)2331-1675 或(02)2331-1691
傳　　真：(02)2382-6225
E—MAIL：books5w@gmail.com 或 books5w@yahoo.com.tw
網路書店：http://bookstv.com.tw、http://store.pchome.com.tw/yesbooks/
　　　　　華文網路書店、三民書局　博客來網路書店 http://www.books.com.tw
經　　銷：蘭臺出版社
地　　址：台北市中正區重慶南路 1 段 121 號 5 樓之 11 室
劃撥戶名：蘭臺出版社　帳號：18995335
香港代理：香港聯合零售有限公司
地　　址：香港新界大蒲汀麗路 36 號中華商務印刷大樓
C&C Building, 36,Ting, Lai, Road, Tai,Po, New,Territories
電　　話：(852)2150-2100　　傳真：(852)2356-0735
總 經 銷：廈門外圖集團有限公司
地　　址：廈門市湖裡區悅華路 8 號 4 樓
電　　話：(592)-2230177　　傳真：(892) 5365089
出版日期：中華民國 104 年 1 月　初版
定　　價：新臺幣 580 元整

ISBN　978-986-6231-98-8